Der Postillon

Der Postillon

Ehrliche Nachrichten – unabhängig, schnell, seit 1845

SCHLUSS mit PROPAGANDA

riva

Bibliografische Information der Deutschen Nationalbibliothek
Die Deutsche Nationalbibliothek verzeichnet diese Publikation in der Deutschen Nationalbibliografie. Detaillierte bibliografische Daten sind im Internet über https://dnb.de abrufbar.

Für Fragen und Anregungen
info@m-vg.de

www.der-postillon.com

Originalausgabe
2. Auflage 2024
© 2024 by riva Verlag, ein Imprint der Münchner Verlagsgruppe GmbH
Türkenstraße 89
80799 München
Tel.: 089 651285-0
Fax: 089 652096

Alle Rechte, insbesondere das Recht der Vervielfältigung und Verbreitung sowie der Übersetzung, vorbehalten. Kein Teil des Werkes darf in irgendeiner Form (durch Fotokopie, Mikrofilm oder ein anderes Verfahren) ohne schriftliche Genehmigung des Verlages reproduziert oder unter Verwendung elektronischer Systeme gespeichert, verarbeitet, vervielfältigt oder verbreitet werden. Wir behalten uns die Nutzung unserer Inhalte für Text und Data Mining im Sinne von § 44b UrhG ausdrücklich vor.

Umschlaggestaltung, Layout und Satz: Oliver Kroh (agentix – marketing & werbung)
Umschlagabbildungen: shutterstock.com/3000ad, Deman, FotoYakov, camilkuo, Everyonephoto Studio, Dmytro Surkov, Iurii Vlasenko, EfteskiStudio, Ljupco Smokovski, Budimir Jevtic, amedeoemaja
Druck: Firmengruppe APPL, aprinta Druck, Wemding
Printed in Germany

ISBN Print 978-3-7423-2464-1
ISBN E-Book (PDF) 978-3-7453-2245-3
ISBN E-Book (EPUB) 978-3-7453-2246-0

Weitere Informationen zum Verlag finden Sie unter

www.rivaverlag.de
Beachten Sie auch unsere weiteren Verlage unter **www.m-vg.de**

Der Postillon

Wir widmen dieses …
Dings … der großen Verwirrung, damit es niemals …
in Vergessenheit … und alle … oder niemand …
also auf jeden Fall … vorher Zwiebel schälen bei …
konstanten Einschaltquoten und achten auf … den
kleinen Spalt zwischen dem Sinn und … Löffel, denn
die kleine Mandibeln im Zögelfrex … sind niemals
verknüpft mit einer Art … kleinem Handarbeitszeug,
das all diejenigen verwenden, die … es nicht haben
oder nicht wissen, wozu … und der Freund eines
Bekannten wird nicht ihn nicht kennen … wenngleich
der Grund der Ursache am Anfang als Erklärung
durchaus nicht als Gedanke gesprochen wird geworden
sein … zuletzt ist …
Hallo.

Der Postillon

Sorry, diesen woken grünlinken Humor kann ich nichts abgewinnen.

Von Maik, via Facebook

Der Postillon ist nichts weiter als ein widerwärtig gekauftes Instrument des Deutschen sklaventums. Ihr braucht nur die ursprüngliche Version dieses einst freien und respektieren Mediums mit den heutigen Inhalten zu vergleichen.....genauso wie der Postillon ist die BRD

Von Unbekannt, via Twitter

Warum schreiben sie so einen Unsinn bzw lügen. Ich hasse sowas wenn Leute dünnpfiff schreiben da könne ich im hohen Bogen kotzen und das am besten noch auf die menschen die diesen scheiß schreibe.

Von Adrio, via Instagram

Hallo, ich wollte ihnen nur mitteilen, dass der Humor ihrer Seite sehr schlecht ist. Ich muss mir des Öfteren, die unlustigen Memes durchlesen, da ein Freund von mir einen sehr komischen Humor hat und mir die Bilder sendet. Mit freundlichen Grüßen, Vivian.

Vivian, via Instagram

Satire?
Nein, Ihr seit einfach nur harmlos angepasste Scheiße......

Mit freundlichen Grüßen
Ernst

Die alberne, irreligiöse und gottlose Facebookseite "Der Postillon. Nachrichten- und Medienseite"

Die Facebookseite "Der Postillon. Nachrichten- und Medienseite" mit 2,9 Millionen Abonnenten ist eine alberne Dreckseite. Hier erweisen sich zahlreiche heutige Erwachsene als unernsthafte und lächerliche Witzfiguren. Die heilige katholische Kirche nennt so eine alberne und spöttische Haltung "Hoffart des Lebens". Mit so einer Geisteseinstellung kann man nie zur Erkenntnis der Wahrheit gelangen. Diese Leute leben sinnlos in den Tag hinein und haben nur Blödsinn im Kopf. Die "Nachrichten" auf dieser Seite beweisen es. Die Kinder und Jugendlichen sind vor diesen schrecklichen Leuten zu warnen. Sie dürfen in keiner Weise auf sie hören. Leider machen sich viele Kinder und Jugendliche diese alberne und unkirchliche Geisteshaltung und Lebenseinstellung doch zu eigen. Nichts ist wichtiger als dem gottlosen "Postillon" in allem zu widersprechen und in allem zuwiderzuhandeln. Daß Facebook diese ruchlose Facebookseite nicht schon längst beseitigt hat, zeigt, was für gräßliche Typen die Facebookzensoren sind.

Von Bernhard, via Facebook

?????? HIRNSCHADEN, ODER WAS?

VON KURT PER WHATSAPP

Also ich verstehe sehr viel Spaß, aber was ihr macht das geht zu weit. ihr macht euch wirklich über alles lustig, was überhaupt nicht lustig ist. Eure Seite sollte Verboten werden

Von Jasmin, via Instagram

Bisher hab ich niemanden gehasst. Jetzt hasse ich euch Einfach nur schamlose Menschen die hinter dieser Seite stecken [...]

Ich hoffe ihr verreckt an Wundinfekten und Zahnschmerzen

ihr KoMikEr

Von Marcus, via Instagram

Ihr seid amerikanische schergen. Instagram. Facebook. Pinterest. Twitter. Ekelhaft.

Wie die Krake euch füttere, macht ihr Stimmung. Ekelerregend, wie amerikanisch sozialisiert ihr seid. Keinen Fatz von kritisch, nur den Mainstream scheiss anders formulierend. Peinlich abhängig. Dank CocaColaLand.

Von Mathias, per WhatsApp

Wievielt Kohle bekommt ihr für Euer Duckmeusertum von den ÖR?????

Von Ernst, per Mail

TUI Cruises stellt umweltfreundliches Tret-Kreuzfahrtschiff vor

Hamburg (dpo) – Jeder weiß: Kreuzfahrten sind schlecht für die Umwelt. Der Reiseanbieter TUI Cruises will das jetzt ändern und hat heute feierlich das erste komplett CO_2-freie Tret-Kreuzfahrtschiff auf Jungfernfahrt geschickt.

»Die ›Mein Tretschiff 1‹ ist das erste Kreuzfahrtschiff, das komplett ohne das Verbrennen von umweltschädlichem Schiffsdiesel auskommt«, erklärt TUI-Sprecher Jens Petralke. »Wir setzen hierbei vollständig auf eine bereits seit Jahrzehnten aus Tretbooten bekannte Technologie.«

Da das Schiff mit einem Gewicht von 111 500 Tonnen nicht gerade leicht ist, müssen stets etwa 50 Prozent aller knapp 3000 Passagiere unter Deck in die Pedale treten, um das große Schaufelrad im Heck anzutreiben.

»Das läuft dann täglich auf zwei Sechs-Stunden-Schichten pro Passagier hinaus«, so Petralke. »Den Rest der Zeit kann man sich an Deck amüsieren und die frische dieselfreie Seeluft genießen.«

Karl (66) und Sabine Römerlein (65) sind Passagiere der Jungfernfahrt und schildern ihre ersten Eindrücke. »Das ist schon echt klasse, dass das CO_2-frei ist«, erklärt Sabine, während sie schwitzend in die Pedale tritt. Wir denken ja bei so was auch an unsere Enkel. Sag mal Karl! Du trittst ja gar nicht richtig mit! Jetzt streng dich doch mal an. Wir machen ja erst dreieinhalb Stunden und wollen heute noch in Kopenhagen ankommen.«

Weil durch den Treteinsatz keinerlei Treibstoffkosten für TUI Cruises anfallen, hat sich das Unternehmen nach eigenen Angaben entschlossen, für das integrierte Fitnessprogramm ausnahmsweise keine zusätzlichen Gebühren zu nehmen.

Ausbaufähig: Solala-Energie in Deutschland

Kampf gegen Inflation: EZB fordert Bürger auf, Geldscheine von Hand um eine Null zu erweitern

Frankfurt am Main (dpo) – Endlich unternimmt die Europäische Zentralbank etwas gegen die grassierende Inflation: EZB-Präsidentin Christine Lagarde forderte heute alle Einwohner der europäischen Währungsunion dazu auf, ihre Geldscheine mit einem wasserfesten Stift um eine Null zu erweitern. Der Wert der Währung erhöht sich durch die Sofortmaßnahme um 900 Prozent.

»Angesichts des für den Euroraum historischen Wertverfalls braucht es eine simple wie einfache Abhilfe, die jeder schnell und unbürokratisch durchführen kann«, so Lagarde, bevor sie demonstrierte, wie sich ein 5-Euro-Schein mit nur einer zusätzlichen handgezeichneten Null in einen 50-Euro-Schein verwandeln lässt. »So einfach ist das. Problem gelöst! Tun Sie das auch bei sich zu Hause und helfen Sie uns, die Inflation zu besiegen.«

Mit dem simplen Trick lassen sich nicht nur 5-Euro-Scheine in 50-Euro-Scheine, sondern auch 10-Euro-Scheine in 100-Euro-Scheine, 20-Euro-Scheine in 200-Euro-Scheine, 50-Euro-Scheine in 500-Euro-Scheine, 100-Euro-Scheine in 1000-Euro-Scheine sowie 200-Euro-Scheine in 2000-Euro-Scheine umwandeln. Auf Münzgeld kann die Methode nach Angaben der EZB ebenfalls angewendet werden.

In der Vergangenheit war die Europäische Zentralbank immer wieder in die Kritik geraten, weil sie trotz steigender Inflation an ihrer Politik des Gelddruckens festhielt. Umso überraschender ist es, dass das Finanzinstitut nun statt auf ausgefeilte Druckverfahren lieber auf herkömmliche Handschrift setzt, um seine geldpolitischen Ziele durchzusetzen – offenbar konzentriert man sich jetzt vermehrt auf unbürokratische, pragmatische Maßnahmen.

Kritiker warnen jedoch davor, dass die EZB mit dem ungewöhnlichen Schritt der Währungskriminalität Tür und Tor öffnet. »Lagarde hat offenbar keine Ahnung, welches Unheil gewiefte Betrüger mit dieser gefährlichen Technologie anrichten können«, erklärt etwa Vincent Kuiter vom Göttinger Institut für monetäre Ökonomik. »Ich fürchte, wir werden in Zukunft noch viele täuschend echte 10 000- oder sogar 100 000-Euro-Scheine sehen.«

Keine Verbindung mehr zur Außenstelle: Elektriker hat Kontakt abgebrochen

Von Baumarktmitarbeiter angesprochen:
Kunde erleidet Herzinfarkt

Wuppertal (Archiv) – Dramatische Szenen spielten sich heute in einem Baumarkt in Wuppertal ab: Ein offenbar übermotivierter Angestellter hat dort völlig überraschend einen Kunden angesprochen und mit dieser Aktion den 57-Jährigen so erschreckt, dass er einen Herzinfarkt erlitt. Nur durch Wiederbelebungsmaßnahmen vor Ort konnte der Mann gerettet werden.

Laut Zeugenaussagen betrachtete der Mann gerade konzentriert eine Wand mit unterschiedlichen Schrauben, als sich der Baumarktmitarbeiter langsam von der Seite näherte und schließlich aus nächster Nähe den Satz »Hallo, suchen Sie etwas Bestimmtes?« sagte.

Daraufhin habe sich der Kunde an die Brust gegriffen, habe nach Atem gerungen und sei zusammengebrochen.

»Der hat geschaut, als hätte er einen Geist gesehen. Und ich bin auch total erschrocken«, erinnert sich eine Augenzeugin. »Bis zu dem Moment wusste ich nicht mal, dass außer den Kassierern überhaupt jemand in so einem Baumarkt arbeitet. Es hätte genauso gut mich treffen können.«

Nachdem zunächst ein zufällig anwesender Notarzt Wiederbelebungsmaßnahmen durchführte, wurde der Mann mit einem Krankenwagen in eine Klinik gebracht. Inzwischen befindet er sich auf dem Weg der Besserung.

»Es gibt wohl kaum etwas, womit man weniger rechnet, als plötzlich in einem Baumarkt von einem Angestellten Hilfe angeboten zu bekommen«, bestätigt Kardiologe Dr. Stefan Claus gegenüber dem Postillon. »Das kann selbst Menschen mit völlig gesundem Herzen buchstäblich zu Tode erschrecken.«

Er rät Baumarktmitarbeitern, "die tatsächlich das Bedürfnis verspüren, Kunden zu helfen, anstatt sich wie sonst vor ihnen hinter Regalen zu verstecken, folgendes Vorgehen:

1. Sich schon aus der Distanz mehrfach räuspern
2. Erst zart säuseln und die Stimme dann ganz langsam erheben
3. Stets einen Defibrillator mit sich führen
4. Bei älteren oder gebrechlich wirkenden Kunden lieber gänzlich auf Kontakt verzichten

Wie der Betreiber des Baumarkts bestätigte, wurde dem gewissenlosen Mitarbeiter inzwischen fristlos gekündigt. Damit sich Kundenbelästigungen dieser Art in Zukunft nicht wiederholen, soll außerdem sämtliches Personal noch eingehender im richtigen Umgang mit Kunden geschult werden.

In diesem Gang soll es passiert sein.

Hoch soll er leben: Mann zieht auf ärztlichen Rat in die Alpen

Entwarnung: Sommerliche Dürre in Deutschland wird bald durch steigenden Meeresspiegel beendet

Berlin (Archiv) – Werden Dürresommer wie 2022 in Deutschland bald die Regel sein? Klimaforscher geben jetzt Entwarnung. Zwar führt der Klimawandel tatsächlich zu mehr Wetterextremen, doch langfristig löst sich das Problem der Trockenheit auf natürliche Weise: Der steigende Meeresspiegel wird Deutschlands Böden nachhaltig mit Feuchtigkeit versorgen.

»Ja, in den kommenden Jahren drohen uns längere Dürreperioden«, räumt Gerhard Ungerer vom Potsdam-Institut für Klimaforschung ein. »Aber wenn die Menschheit weiterhin so viel CO_2 ausstößt wie heute, wird sich das Problem in den nächsten Jahrzehnten von ganz alleine lösen. Dann haben wir hier Wasser, so weit das Auge reicht.«

Als Erste dürften sich Deutschlands Küstenregionen über ein Ende anhaltender Dürren freuen. »Wo heute trockene Felder sind, wird schon bald wieder etwas wachsen: nämlich Seetang, Korallen und Seegurken.«

Dann folgen auch höher gelegene Gebiete, bis schließlich ganz Deutschland wieder völlig dürrefrei sei. »Ausgetrocknete Flussbetten oder Seen wird es dann nicht mehr geben. Sie werden sich alle zu einem großen Gewässer vereinigen.«

Die Klimaforschung rechnet mit dem Ende der Trockenheit in Deutschland bis spätestens zum Jahr 2200. Kritisiert wird in diesem Zusammenhang die Bewegung »Fridays for Future«. Deren Galionsfigur Greta Thunberg nehme billigend in Kauf, dass es in Deutschland weiterhin staubtrocken bleiben könnte.

Absprung verpasst:
Eltern genervt von 32-jährigem Sohn, der immer noch im Familienbett schläft

Paderborn (dpo) – Wann entwöhnt er sich endlich? Dieter und Gabriele Masur aus Paderborn sind zunehmend genervt von ihrem Sohn Benjamin, der immer noch im Ehebett der beiden schläft. Sie hoffen, dass der 32-Jährige bald mutig genug ist, alleine zu schlafen.

»Ja, also wir hatten eigentlich das erste Mal vor, ihn so mit anderthalb an sein eigenes Bettchen zu gewöhnen, aber er wollte einfach nicht«, berichtet Gabriele Masur. »Danach gab es noch ein paar Versuche, aber wir haben es einfach nicht übers Herz gebracht, weil er dann weinte.«

Ihr Mann Dieter nickt. »Ja, das letzte Mal war neulich an seinem 32. Geburtstag. Aber sobald man es anspricht, kullern die Tränen und dann können wir ihm nicht mehr böse sein. Ich fürchte, wir haben den Absprung einfach verpasst.«

Dennoch sind die beiden schwer genervt. »An Intimitäten ist so natürlich kaum noch zu denken. Außer er schläft mal richtig tief, wenn er einen harten Arbeitstag hatte oder mit seinen Kumpels was trinken war.«

Ganz ohne Weiteres werden die Masurs ihren Sohn wohl nicht aus dem Elternbett bekommen. »Klar nervt es total und ich hätte ihn gern da raus«, so Gabriele. »Andererseits müsste ich dann immer rüber in sein Zimmer laufen, wenn er nachts schreit und die Brust möchte. Aber inzwischen wäre es mir das wert.«

Nach acht Wochen im Stall: Bauer lässt endlich mal die Sau raus

Der Postillon

Welt-Vegetarier-Verband stellt klar:
Nachts betrunken einen Döner essen zählt nicht als Fleischkonsum

Berlin (dpo) – Schön, dass endlich Klarheit herrscht: Der Welt-Vegetarier-Verband (WVV) hat heute offiziell bestätigt, dass es nicht als Fleischkonsum zählt, wenn man nachts zwischen null und fünf Uhr betrunken einen Döner isst.

»Ja, als Vegetarier oder Veganer isst man grundsätzlich kein Fleisch, aber in diesem speziellen Ausnahmefall wollen wir mal nicht päpstlicher sein als der Papst«, erklärte WVV-Sprecherin Marianne Brinkschröder. »Man muss schon auch die Situation sehen: Es ist mitten in der Nacht, man hat so einen richtigen Bierhunger und nur noch der türkische Imbiss hat offen. Natürlich isst man da einen Döner. Um diese Zeit schmeckt es ja auch am besten.«

Wären alle Menschen Vegetarier oder Veganer und würden nur alle paar Wochen ausnahmsweise einmal nachts im Suff einen Döner essen, so rechnet sie vor, »dann wäre das schon ein großer Schritt nach vorne.«

Oftmals werde ein im Rausch konsumierter Döner noch nicht einmal verdaut, weil er unmittelbar nach dem Verzehr wieder erbrochen wird. »In dem Fall zählt das ja doppelt und dreifach nicht«, so Brinkschröder.

Unterstützung für die Erklärung kam vom Bund der Nichtraucher (BdN), der seinerseits verlauten ließ, dass auf Partys gerauchte Zigaretten offiziell nicht als Rauchen zählen und daher bei Angaben, wie lang man schon Nichtraucher ist, nicht erwähnt werden müssen.

Feedback: Baby kotzt Mutter auf Bluse

»Für besondere Verdienste um unser Bündnis« – NATO verleiht Putin Ehrenmedaille

Brüssel (dpo) – Nie hat einer mehr für das Militärbündnis getan. Aufgrund seiner außerordentlichen Verdienste für die Belange der NATO hat Wladimir Putin heute eine eigens für ihn geschaffene Ehrenmedaille des Nordatlantikpakts erhalten.

»Wir sind dem russischen Präsidenten zu tiefem Dank verpflichtet«, erklärte NATO-Generalsekretär Jens Stoltenberg bei der feierlichen Verleihungszeremonie. »Seit seinem völkerrechtswidrigen Angriff auf die Ukraine können wir uns vor Aufnahmeanträgen kaum retten.«

Durch seine kriegerischen Handlungen habe Putin dafür gesorgt, dass das Image und die weltweite Beliebtheit des Bündnisses sprunghaft angestiegen sei. Sämtliche Streits und Konflikte innerhalb der NATO seien demnach beigelegt. NATO-Kritiker weltweit seien weitgehend verstummt.

»Noch nie in der 73-jährigen Geschichte unseres Militärbündnisses hat eine einzelne Person so viel für die Stärke, den Einfluss und die Größe der NATO getan wie Wladimir Putin«, so Stoltenberg am Ende seiner Laudatio unter Tränen der Rührung.

Die Ehrenmedaille konnte leider nicht persönlich an den russischen Präsidenten überreicht werden, weil Putin aus unerfindlichen Gründen nicht ins NATO-Hauptquartier in Brüssel kommen wollte.

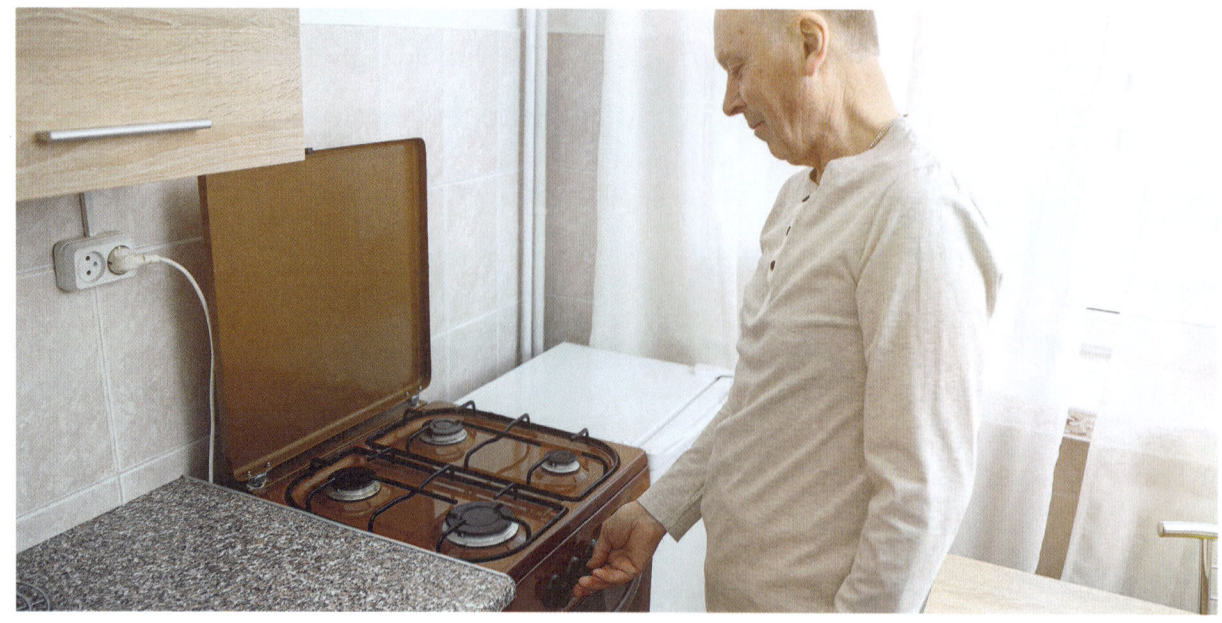

Mann lässt Küche mit Gas volllaufen, um Vorrat für den Winter anzulegen

München (dpo) – Sicher ist sicher: Weil er fürchtet, dass Deutschlands Gasvorräte im Winter zur Neige gehen werden, hat Markus Patz aus München heute damit begonnen, in seiner Küche selbst Gas einzulagern.

»Man weiß ja nie, wie lange das noch aus der Leitung kommt«, erklärt der 52-Jährige, während er das Ventil seines Gasherds voll aufdreht. »Darum bunkere ich lieber jetzt schon mal ein bisschen. Allein hier in die Küche passen ja gut und gerne 20 Kubikmeter Gas rein. Damit komme ich durch das Gröbste durch, falls die Versorgung zusammenbricht.«

Er öffnet einige Küchenschränke und wedelt mit einem Stück Karton in die Regale. »Hier mach ich vorsichtshalber auch mal alles voll. Gas verdirbt ja nicht und viel hilft viel.«

Nach etwa einer Stunde dreht Patz das Gas wieder ab. »So, das sollte reichen. Mir ist schon ganz schummrig. Vorräte anlegen ist doch recht anstrengend, merke ich grade.«

Zufrieden steckt er sich eine Zigarette in den Mund. »Jetzt erst mal eine rauchen nach getaner Arbeit.«

Roter Damm: Holländerin nutzt keine Tampons

Wie feige kann man sein? Engländerinnen schießen Siegtor, um sich vor Elfmeterschießen zu drücken

London (dpo) – Ist das noch Fair Play? Nachdem die englische Nationalelf gestern im EM-Finale gegen Deutschland in der 110. Minute den Siegtreffer zum 2:1 erzielte, steht ein dunkler Verdacht im Raum: Wollten sich die Engländerinnen mit dem späten Tor absichtlich vor einem Elfmeterschießen gegen Deutschland drücken?

»Die wussten anscheinend ganz genau, was passiert, wenn England auf Deutschland im Elfmeterschießen trifft«, erklärt Fußball-Expertin Thea Zinner. »Ich sag nur WM 1990, EM 1996 und U21-EM 2017 ... Aber anstatt sich dem mutig zu stellen und vielleicht sogar zu versuchen, diesen alten Fluch zu durchbrechen, haben die Lionesses lieber den einfachen Ausweg gewählt und kurz vor Schluss noch ein Tor geschossen. Ganz schwach!«

Auch, wenn man es kaum glauben mag: Das Verhalten der Engländerinnen ist rein technisch gesehen völlig regelkonform. Aus unerfindlichen Gründen gestattet die UEFA Tore in der Verlängerung als eine Möglichkeit, um ein Elfmeterschießen zu vermeiden. Moralisch sieht das aber selbstverständlich ganz anders aus.

Noch allerdings haben die Engländerinnen eine Chance, ihre Ehre zu retten. Der Postillon fordert sie auf, sich heute Abend um 21 Uhr gemeinsam mit dem deutschen Team noch einmal im Wembley-Stadion einzufinden. Dann wird die Sache in einem fairen Elfmeterschießen geklärt. Wer gewinnt, ist Europameister.

Von wegen gesundheitliche Probleme: Kreml veröffentlicht Fotos von topfittem Putin

Moskau (dpo) – Spätestens seit Beginn des Kriegs in der Ukraine mehren sich Gerüchte über den Gesundheitszustand des russischen Präsidenten. So vermuten zahlreiche Beobachter, Wladimir Putin leide an Krebs oder Parkinson. Derartige Spekulationen widerlegte der Kreml heute eindrucksvoll mit einem aktuellen Foto, das den russischen Machthaber in bester körperlicher Verfassung am Strand joggend zeigt.

»Wladimir Putin ging es nie besser«, heißt es in einer Pressemitteilung. »Das Foto zeigt ihn bei seiner Morgenroutine am Weißen Meer, wo er täglich vor dem Frühstück einen Halbmarathon absolviert, um mit Schwung in den Tag zu starten.«

Ein weiteres Foto, das der Kreml veröffentlichte, zeigt ebenfalls, dass Putin in exzellenter Form ist und es keineswegs nötig hat, sich bei Besprechungen am Tisch festzuhalten:

Tatsächlich sei Putin derzeit kräftiger, vitaler und fitter denn je. Demnach laufe Russlands Präsident die 100 Meter in 7,3 Sekunden, schaffe 200 Klimmzüge am Stück und stemme auf der Hantelbank bis zu 2000 Kilogramm. »Putin ist nicht krank, sondern sein Körper befindet sich in einem ›Spezialzustand‹«, so der Kreml.

Bei anderslautenden Behauptungen aus dem Westen handle es sich eindeutig um Propaganda.

Mohnierte Brötchen: Kunde wollte welche mit Sesam

STUDIE

Leute, die sich selbst für ein bisschen verrückt halten, sind in der Regel kein bisschen verrückt

Mainz (dpo) – Menschen, die sich für ein bisschen verrückt halten, sind in der Regel ganz gewöhnliche Langweiler. Zu diesem Ergebnis kommt eine Studie des Psychologischen Instituts der Universität Mainz. Demnach handelt es sich bei den meisten Leuten, die sich selbst als »schon ein bisschen verrückt« oder »crazy« einschätzen, um ganz gewöhnliche Konformisten.

»Oft sind es Banalitäten wie etwas rötlich gefärbte Haare, das Trinken aus einer Tasse mit lustigem Aufdruck oder das Tragen zweier verschiedenfarbiger Socken, die dazu führen, dass Menschen sich selbst als ›ein bisschen verrückt‹ einstufen«, erklärt Studienleiter Dr. Dieter Knust. »Doch in der Regel täuschen sie damit nur darüber hinweg, dass sie ein völlig normales und unspektakuläres Leben führen.«

Die Ergebnisse der Untersuchung mit mehr als 500 Teilnehmern zeigen klar: Wirklich verrückte Leute – egal, ob im positiven oder negativen Sinne – haben es gar nicht nötig, so etwas von sich zu behaupten.

Bevor man von »verrückt« sprechen könne, müssten ohnehin deutlich gravierendere Verhaltensweisen vorliegen, erklärt Dr. Knust. »Nehmen wir mal beispielsweise mich. Bin ich etwa verrückt, nur weil ich täglich in Apfelsaft bade, gerne plattgetretene Kaugummis vom Gehweg esse und mit dem Erzengel Metatron in Kontakt stehe? Natürlich nicht, denn das sind ja nur winzige Details meines Lebens und meiner Persönlichkeit! Die Leute sollen sich mal nicht für so wichtig nehmen wegen ein paar minimal exzentrischer Eigenheiten.«

Astrein: Frau findet Ersatz für defekten Dildo

Der Postillon

Klimawandel: Immer mehr Milchbauern steigen von Kühen auf Kamele um

Berlin (dpo) – Die deutsche Landwirtschaft passt sich den neuen klimatischen Bedingungen in Deutschland an: Immer mehr Milchbauern haben in den letzten Wochen ihre Kuhbestände durch Kamele ersetzt. Damit wollen sie auch bei höheren Temperaturen wettbewerbsfähig bleiben.

»Meinen Kühen tat das Hitzewetter auf Dauer nicht gut«, berichtet etwa Horst Borkenhagen. Der Landwirt aus Versmold bei Bielefeld setzt seit Anfang Juli vollständig auf Kamele. »Genauer gesagt Dromedare, wie sie auch in den Wüsten Afrikas und Arabiens zu Hause sind«, erklärt er stolz. »In einem durchschnittlichen deutschen Hitzesommer fühlen die sich pudelwohl.«

Besonders begehrt sind Kamele, weil sie zur Not auch längere Durststrecken überstehen. »Die halten das auch mal ein paar Stunden aus, wenn mal wieder der Wassertrog leer ist, weil alles verdunstet ist.«

Geschmacklich sei Kamelmilch von Kuhmilch kaum zu unterscheiden, enthalte aber viel mehr Vitamin C.

»Die Umstellung von Kühen auf Kamele ist zum Glück vergleichsweise gut machbar, weil die Ställe meist schon die richtige Größe haben«, so Borkenhagen. »Der Martin Henschke zwei Höfe weiter hat dagegen nichts als Stress, seit er von Hühnern auf Vogelstrauße umgestiegen ist. Seine Söhne trauen sich gar nicht mehr zum Eierholen in den Stall.«

Dann verabschiedet sich Borkenhagen und steigt auf seinen Traktor. Es ist Zeit für die Kakteenernte.

Osteuropa in Angst: Menschenrechtler wollen Slawerei abschaffen

Der Postillon

Streit um Song-Verbot:
Jetzt meldet sich Layla selbst zu Wort

Ein Lied spaltet die Republik: Nachdem mehrere Städte ankündigten, den Partyschlager »Layla« von DJ Robin und Schürze wegen seines sexistischen Inhalts nicht auf Volksfesten zu spielen, tobt die Debatte um den Ballermann-Hit. Doch was steckt eigentlich hinter den kontroversen Zeilen? Dem Postillon ist es dank intensiver Recherchearbeit gelungen, Layla ausfindig zu machen und ein exklusives Interview mit ihr zu führen:

Postillon: »Sie sind die Layla aus dem Lied?«

Layla: »Ja. Das bin ich. Layla Esmeralda Schlönhuber heiße ich mit vollem Namen.«

Postillon: »Sie sind wirklich Puffmama, Frau Schlönhuber?«

Layla: »Ich bevorzuge den Begriff ›Sexarbeiterinnenkoordinatorin‹.«

Postillon: »Und wie finden Sie den Song über Sie?«

Layla: »Ganz schrecklich. Ich höre privat eher Hiphop oder klassische Musik.«

Postillon: »Was halten Sie vom Inhalt? Finden Sie das sexistisch, dass Sie als ›schöner, jünger, geiler‹ bezeichnet werden?«

Layla: »Klar ist das sexistisch. Außerdem bin ich sooo jung auch wieder nicht. Auf der anderen Seite reimt sich ›geiler‹ halt auf ›Layla‹. Aber ich arbeite im Bereich der Prostitution. Da schockt einen so was eher nicht.«

Postillon: »Und finden Sie das ok, dass der Song jetzt mancherorts nicht gespielt werden darf?«

Layla: »Klar. Ich sagte ja schon, dass ich ihn ziemlich scheiße finde.«

Postillon: »Aber finden Sie das inhaltlich begründet?«

Layla: »Na ja. Inhaltlich ist es ja vor allem viel Nonsens. Diskutiert man da wirklich über ein Lied, in dem jemand einem anderen völlig grundlos von seinem Puff erzählt und dass da dann ich drin bin und viel schöner, jünger, geiler bin? Als wer eigentlich? Als die anderen Sexarbeiterinnenkoordinatorinnen in der Umgebung oder gar als die Sexarbeiterinnen, die unter meiner Leitung arbeiten? Dann hätte der Texter des Liedes ja noch nicht mal verstanden, dass eine Sexarbeiterinnenkoordinatorin – oder wie er es nennt: ›Puffmama‹ – gar nichts davon hätte, ›schöner, jünger, geiler‹ zu sein. Die ist ja keine Sexarbeiterin, sondern die Chefin des ganzen Ladens. Da kommt's doch auf Erfahrung und Menschenkenntnis und auch auf logistische Fähigkeiten an. Ich weiß nicht, ob die Person, die dieses Lied geschrieben hat, je so ein Etablissement von innen gesehen hat.«

Postillon: »Äh. Ja …«

Layla: »Und dann singt der ›geile Figur, blondes Haar‹, dabei bin ich brünett.«

Postillon: »Stimmt.«

Layla: »Außerdem wird ja dann fast nur noch alles wiederholt. Refrain, Refrain, Refrain. So ein Quark. Aber eben eigentlich auch völlig egal.«

Postillon: »Also sollte das Lied doch gespielt werden dürfen?«

Layla: »Nee, ich sag ja, dass es scheiße ist.«

Postillon: »Vielen Dank, Frau Schlönhuber.«

Platt-Sender: NDR zeigt Gebärmutterdoku auf Ostfriesisch

»Selbst trau ich mich einfach nicht« – dieser Mann ist der Freund, für den immer alle fragen

Köln (dpo) – »Ich frage für einen Freund« – nahezu jeder hat diese Worte schon einmal gehört oder gelesen, doch bislang wussten nur die wenigsten, dass es sich bei diesem »Freund« immer um ein und dieselbe Person handelt. Der Postillon hat recherchiert und mit Simon Becker (34) den Mann ausfindig gemacht, für den immer alle fragen.

»Ja, ich bin der, der diese ganzen Sachen wissen wollte«, gibt Simon Becker verschämt zu, als wir ihn an seiner Haustür mit unseren Recherchen konfrontieren. »Mein ganzes Leben lang musste ich aus Scham über meine Unwissenheit immer andere damit beauftragen, für mich private Fragen zu stellen.«

Anfangs waren es meist gesundheitliche Themen, die Becker umtrieben. »Meine erste Frage vor über 15 Jahren drehte sich um ein Hausmittel gegen Pickel am Hintern«, berichtet er. »Da hat dann meine nette Freundin Susanne für mich bei ihrem Hausarzt angerufen und da dürfte dann auch zum ersten Mal diese ikoni-

Redundanter Pleonasmus: Redundanter Pleonasmus

sche Aussage gefallen sein: ›Ich frage für einen Freund.‹«

In den Jahren danach fand Becker glücklicherweise immer wieder Menschen, die seine brennenden Fragen aus Mitmenschlichkeit weitergaben und ihm die Antworten zutrugen. Insgesamt stellte er seit 2005 indirekt mehr als 687 000 Fragen, unter anderem zu Mundgeruch, Fußpilz, Analjucken, der Abseitsregel, der Straßenverkehrsordnung, Punkt- und Strichrechnung, Verhütung, Steuerhinterziehung, Tokio-Hotel-Tattoos in der Leistengegend, Parteienfinanzierung, Bierherstellung, Cryptobörsen, hethitische Bronzeplastiken, dem Nordpolarmeer, androgenetischem Haarausfall und der anatomischen Lage der Klitoris.

»Mit der Zeit wurde ich immer wissbegieriger, wollte einfach alles wissen«, erzählt Becker. »Ich versuchte, immer mehr Freunde zu finden, die Fragen für mich stellen. Ich hab inzwischen total den Überblick verloren. Allein auf Facebook hab ich über 17 000 Freunde.«

Gibt man auf Twitter den Suchbegriff »Frage für einen Freund« ein, sieht man, wie viele Fragen rund um die Uhr für Simon Becker gestellt werden:

Es könnte allerdings sein, dass die Schwemme an Fragen für

Pey @Peypex_it_is · 16 Min.
Antwort an @AufstandLastGen und @Bundeskanzler
Ich mach heute Ölwechsel, kann ich das Altöl bei euch abgeben oder einfach selbst auf den Boden Kippen?

Frage für einen Freund.

* @dafitoo · 18 Min.
Antwort an @I_Am_Marth
Verkaufst du jetzt die neue oder die alte? Und welche Größe?
Frage für einen Freund.

HSV Volkspark 1887 @HsvVolkspark87 · 21 Min.
Antwort an @I_Am_Marth
Wird beim Training eigentlich nur der hintere Platz genutzt oder auch der vordere?
Frage für einen Freund, ob er eine 👓 Brille braucht.
😂 🤌.

BennySama @BennySama94 · 29 Min.
Antwort an @DroetkerPizzaDE
Wann gibt es denn die "Pizza Sonstige" zu kaufen?
Frage für einen Freund.

Freund Simon Becker bald nachlassen wird. »Ich hab neulich einen Freund für mich fragen lassen, ob man eigentlich auch Sachen rausfinden kann, ohne einen Freund in sozialen Netzwerken eine Frage stellen zu lassen«, erzählt der 32-Jährige. »Und da kamen echt interessante Antworten. Unter anderem wurde mir ein Dienst namens ›Google‹ empfohlen.

Da bekommt man wohl weiterführende Ergebnisse und kann dann selbst Dinge recherchieren. Klingt crazy. Aber das will ich demnächst mal probieren.«

Vorher will er aber noch einen Freund alle seine Freunde fragen lassen, ob sie beleidigt sind, wenn er künftig seltener über sie fragen lässt.

AKTION!
20 % Rabatt auf LÜCKENFÜLLER!

Bestellen Sie jetzt für kurze Zeit zum Sonderpreis! Ausgeklügelte Botschaften, tolle Wörter, Textpassagen oder Bilder, die exakt, formschön und passgenau in die bestehende Lücke eingefügt werden

Wacken: Judas Priest bricht Konzert ab, weil alle im Publikum den Schweigefuchs machen

Wacken (dpo) – Einfach nur unhöflich! Die Heavy-Metal-Band Judas Priest hat ihren Auftritt beim Musikfestival Wacken Open Air nach nur 25 Minuten überraschend abgebrochen. Zuvor hatten Zehntausende Festivalbesucher die »Schweigefuchs«-Handgeste in Richtung der Musiker gemacht.

»Ja okay, dann sind wir halt ruhig, ihr Arschlöcher!«, rief Judas-Priest-Sänger Rob Halford tränenüberströmt, während seine Kollegen bereits beleidigt von der Bühne stürmten. »Wir spielen uns hier die Seele aus dem Leib und ihr gebt uns Zeichen, dass wir gefälligst die Klappe halten sollen? Fickt euch alle!«

Der sogenannte Schweigefuchs (auch Flüsterfuchs, Leisefuchs oder Lauschefuchs genannt) wird in der Pädagogik als Zeichen der nonverbalen Kommunikation genutzt, um Gruppen zum Schweigen zu bringen.

Immer noch stinksauer: Judas Priest

In einem Interview mit dem NDR nach dem gescheiterten Auftritt machte auch Judas-Priest-Bassist Ian Hill seiner Enttäuschung Luft: »In 53 Jahren Bandgeschichte habe ich so etwas noch nie erlebt«, so der Brite empört. »Ich dachte, in Wacken wäre eine coole Crowd am Start und nicht solche Musikfeinde.«

Die Veranstalter des Wacken Open Air entschuldigten sich inzwischen bei Judas Priest für das Verhalten der Besucher und riefen ausdrücklich dazu auf, bei Konzerten keinen Schweigefuchs mehr zu zeigen. Andernfalls müsse das Festival abgebrochen werden.

Alles umsonst: Ungewöhnliche Preisstrategie kann Firma nicht retten

Der Postillon

Modena (dpo) – Bald beginnt die Fußball-WM in Katar – und mit ihr auch die Sammelleidenschaft von Panini-Fans. Pünktlich zu dem mit Spannung erwarteten Turnier hat der Kult-Stickerhersteller nun das offizielle Sammelalbum der beim Stadionbau gestorbenen Arbeiter vorgestellt.

Pünktlich zur WM in Katar:
Panini bringt Sammelalbum mit beim Stadionbau gestorbenen Arbeitern heraus

»Wie bei jedem großen Fußballturnier wird es auch bei der WM in Katar eines unserer begehrten Stickersammelalben geben«, heißt es in einer Pressemitteilung von Panini. »Ab sofort kann wieder gesammelt, getauscht und geklebt werden.«

Das Sammelalbum umfasst 800 der insgesamt 15 000 Gastarbeiter, die seit Vergabe der WM nach Katar beim Stadionbau gestorben sind. »Wir haben uns aus Platzgründen nur auf die gravierendsten und eindeutigsten Fälle von Misshandlung und Ausbeutung konzentriert.«

Die Gastarbeiter sind nach Herkunftsland (oft Bangladesch, Indien, Nepal, Philippinen, Pakistan, Sudan) sortiert. Unter den Sticker-Flächen werden außerdem Werte wie Arbeitsleistung (zum Beispiel 12 Stunden pro Tag, Sieben Tage die Woche), Alter, Bezahlung und Todesursache aufgeführt.

Außerdem gibt es eine Bonusseite mit den wichtigsten FIFA-Verantwortlichen (Sepp Blatter, Michel Platini, Franz Beckenbauer, Jack Warner, Mohammed bin Hamman etc.), die die WM in Katar überhaupt erst möglich gemacht haben. Sie werden nach geschätzter Höhe der jeweiligen Bestechungssummen sowie der lächerlich geringen Strafen, die sie nach ihrem Aufliegen erhielten, bewertet.

»Schaffen Sie sich mit diesen schönen Sammelbildern eine bleibende Erinnerung an ein ganz besonderes Fußballturnier«, wirbt das Unternehmen. »Eine solch formidable Auswahl an toten Bauarbeitern wird wohl nie wieder zusammenkommen.«

Auftentakelt: Krake erscheint perfekt gestylt zum Date

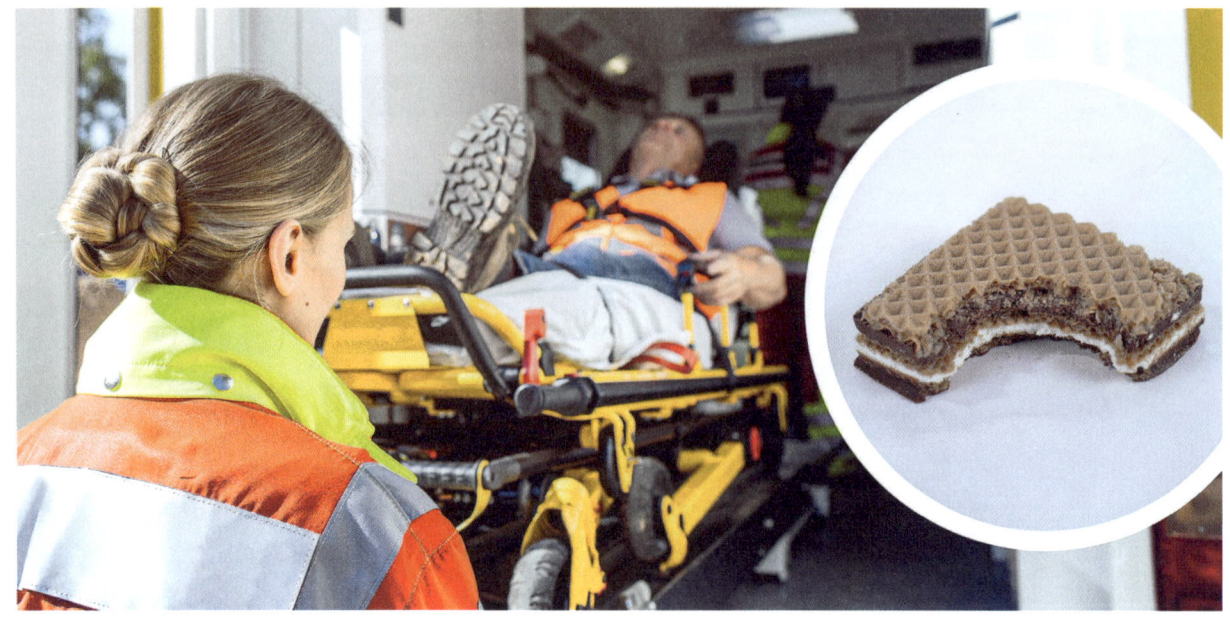

Notarzteinsatz: Mann aß Knoppers schon um 9 Uhr

Köln (dpo) – Kleiner Fehler mit dramatischen Folgen: Ein Bauarbeiter aus Köln ist heute mit heftigen Magenkrämpfen, Schüttelfrost und Bewusstseinsstörungen ins Krankenhaus eingeliefert worden. Zuvor hatte der Mann entgegen der Herstellerempfehlung bereits um 9 Uhr ein Knoppers verzehrt.

»Der Mann hat offenbar kurz Pause gemacht und ein Knoppers gegessen«, berichtet eine Augenzeugin (67). »Das war ungefähr um neun Uhr. Kurz danach lag er plötzlich am Boden und schrie. Der hatte Schaum vorm Mund und sah gar nicht gut aus.«

Ein von Passanten verständigter Notarzt konnte den Mann vor Ort stabilisieren, bevor er mit dem Krankenwagen in eine Klinik gebracht wurde, wo er sich inzwischen in stabilem Zustand befinden soll.

Ein Sprecher der Firma Storck, die unter anderem Knoppers vertreibt, weist jede Schuld an dem Vorfall von sich: »Seit Jahrzehnten weisen wir in unserer Werbung ausdrücklich darauf hin, dass Knoppers erst ab halb 10 Uhr, also ab 9.30 Uhr, konsumiert werden sollte. Es heißt ganz klar: ›Morgens, halb 10 in Deutschland.‹«

Tatsächlich verträgt der menschliche Magen Knoppers nicht, wenn es vor 9.30 Uhr eingenommen wird. Zu den möglichen Folgen gehören Magenkrämpfe, Übelkeit, blutiger Stuhl, Wahnvorstellungen, eingerissene Zehennägel und Pseudokrupp.

Ab Punkt 9.30 Uhr kann Knoppers bedenkenlos verzehrt werden.

Immerhin: Der betroffene Bauarbeiter befand sich bei seinem folgenschweren Fehler auf dem Gebiet der Bundesrepublik. Knoppers außerhalb Deutschlands zu essen kann noch schwerere Folgen haben.

Schlechte Zensur: Schüler übermalt Zeugnisnote mit Buntstift

»Wollen nicht, dass sich die Bürger an sinnvolle Politik gewöhnen« – Lindner begründet Ende von 9-Euro-Ticket

Berlin (dpo) – Die Bundesregierung hat entschieden: Das 9-Euro-Ticket wird nicht verlängert. Bundesfinanzminister Christian Lindner (FDP) begründete den Schritt am Dienstag auf einer Pressekonferenz. »Wir wollen nicht, dass sich die Bürger an sinnvolle Politik gewöhnen und dann womöglich noch mehr vernünftige Maßnahmen dieser Art erwarten«, so Lindner.

»Ja, durch das 9-Euro-Ticket wurden rund 1,8 Millionen Tonnen CO_2 eingespart und ja, es hat die Inflation gedämpft und ja, es ist ein wichtiger Schritt in Richtung Verkehrswende und ja, es entlastet insbesondere Geringverdiener und ja, es hat den Tourismus angekurbelt«, räumte der Minister ein. »Aber wenn das 9-Euro-Ticket bliebe, dann würden die Bürgerinnen und Bürger von uns noch mehr sinnvolle und gute Gesetze erwarten. Das wäre ein Druck, den hier in der Bundesregierung echt keiner braucht.«

Er habe Sorgen, dass sich in der Bevölkerung eine Anspruchshaltung auf gute Politik einschleichen könnte. »Das können wir einfach nicht liefern. Denken Sie nur mal daran, was wir sonst so für Murks verabschieden.«

Für die Zukunft versprach Lindner, man werde genauer hinschauen und besser aufpassen, nicht versehentlich wieder sinnvolle politische Maßnahmen zu beschließen. »Das mit dem 9-Euro-Ticket war ein Ausrutscher. Ich kann Ihnen versprechen: Das wird nicht wieder vorkommen.«

»Onyx«: Juwelendieb wird gefragt, was er da in der Hand hat

Gewinn reicht noch nicht ganz für zweite Superyacht:

Ölkonzern-Boss fordert Erhöhung von Tankrabatt

Hamburg (dpo) – Jetzt darf der Staat die Bevölkerung nicht im Stich lassen: Alfred Lanius, Manager des Mineralölkonzerns Vamol, hat sich heute für eine Erhöhung des Tankrabatts ausgesprochen. Sein bisheriger Zusatzbonus für außerordentliche Übergewinne reiche aktuell noch nicht ganz für eine zweite Superyacht aus, so der 46-Jährige.

»Der Tankrabatt ist ein Schritt in die richtige Richtung, aber es kommt beim einfachen Manager einfach immer noch zu wenig an«, seufzt Lanius, während er in einem Prospekt für luxuriöse Schiffe blättert. »Ich kann mir aktuell noch nicht einmal 70 Meter Buglänge leisten, von Helikopterlandeplatz oder Außenpool an Deck ganz zu schweigen.«

Der Tankrabatt der Bundesregierung sollte deshalb laut dem Manager mindestens verdoppelt werden, von derzeit 30 auf über 60 Cent pro Liter Benzin.

»Sonst kann ich mir meine ›Princess Lanius of the Sea 2‹ erst nächstes Jahr leisten.«

Primär gehe es ihm jedoch nicht um sich selbst, wie er bekräftigt: »Ich denke da vor allem an die Ärmeren unter uns. An die, die sich gar keine Zweityacht leisten können. Einige Abteilungsleiter bei uns verdienen ja gerade mal sechsstellig, die sind voll auf Bonuszahlungen angewiesen, um auf eine Million zu kommen. Gerade für solche Menschen ist es wichtig, dass die Politik jetzt schnell handelt.«

Will einen Mantel und eine Kette zu Weihnachten: Frau möchte ihr Fahrrad reparieren

Fleischesser kann vegane Gerichte nur dann genießen, wenn er danach ein Huhn totschlägt

Mannheim (dpo) – Lange Zeit hat er sich dagegen gewehrt, doch seit seine Frau regelmäßig vegane Produkte kauft, isst Jan Volkens aus Mannheim ebenfalls immer häufiger rein pflanzliche Gerichte. Doch um sie auch wirklich genießen zu können, behilft sich der 36-Jährige mit einem kleinen Trick.

»Ich hab veganes Essen lange gemieden, weil mir da immer irgendwie etwas gefehlt hat«, berichtet Volkens. »Erst dachte ich, das liegt am Geschmack oder so, aber eigentlich schmeckt das auch ganz gut und irgendwann fand ich dann heraus, dass das eigentliche Problem ist, dass dafür kein Tier gelitten hat.«

Seitdem isst der Mannheimer regelmäßig auch vegane Speisen, achtet aber immer darauf, hinterher ein Huhn totzuschlagen. Die Tiere dafür hält er in einem kleinen Verschlag im Garten. »Natürlich darf es nicht zu geräumig sein, sonst haben sie am Ende zu viel Spaß am Leben, dann schmeckt's nicht mehr so gut«, erklärt er. »Ich wünschte, es wär' anders, aber so bin ich halt aufgewachsen.«

Volkens hofft, dass sein Trick auch anderen überzeugten Fleischessern hilft, häufiger auf pflanzliche Alternativen zurückzugreifen. »Schließlich ist vegane Ernährung ja besser für die Umwelt und führt zu weniger Tierleid. Also außer für das Tier, das man danach tothaut, damit's besser schmeckt.«

Gebranntes Kind: Vater von Pinocchio möchte tönerne Figur nicht adoptieren

Der Postillon

Nach Rücktritt von RBB-Intendantin Schlesinger wegen Verschwendungvorwürfen:
Was wird jetzt aus ihrer halb fertigen Pyramide?

Berlin (dpo) – RBB-Intendantin Patricia Schlesinger ist ihren Posten los – doch ihr umstrittenes Erbe wird die Sendeanstalt wohl noch lange beschäftigen. Während die Verschwendereien der 61-Jährigen nun langsam aufgearbeitet werden, stellt eine Luxusanschaffung den RBB vor große Probleme: Noch ist völlig unklar, was mit der halb fertigen Pyramide Schlesingers geschehen soll.

»Wir haben hier 15 000 Arbeiter, 400 Steinmetze, 60 Goldschmiede und 15 Edelsteinschleifer, die alle nicht wissen, wie es weitergeht«, so ein Sprecher des RBB. »Hinzu kommt, dass 40 Prozent des Bauwerks bereits fertiggestellt und zwei der fünf Grabkammern schon mit Gold und Geschmeide gefüllt sind. Selbst mit einem Rückbau lässt sich das Geld nicht mehr vollständig zurückholen.«

Die prunkvolle Pyramide mit einer Gesamthöhe von 221 Metern und Baukosten von 6,4 Milliarden Euro war ursprünglich für Schlesingers Ableben vorgesehen und enthält Grabkammern für sie, ihre Familie sowie ihre engsten Mitarbeiter und Assistenten. In dem weitläufigen Gängesystem wird auf zahlreichen Reliefs und Wandgemälden ihre Karriere bis in die Chefetage des RBB nachgezeichnet.

Auch eine prunkvolle Totenmaske ist bereits fertiggestellt:

Beim RBB laufen nun hitzige Diskussionen, wie mit dem halb fertigen Bauwerk umzugehen ist. Während einige fordern, die Pyramide wieder abzureißen und jedem Gebührenzahler einen Stein als Andenken zu schicken, wünscht sich ein Großteil der Belegschaft ihre Fertigstellung und anschließende Umwidmung vom Intendantinnen- zum Milliardengrab.

So seih es: Koch-Azubi akzeptiert Gemüsewasch-Anweisung von Chef

Der Postillon

Paar bleibt am Freitagabend zu Hause, damit sich die Miete mehr lohnt

Regensburg (dpo) – Frieda (30) und Moritz (31) werden heute Abend wohl nicht mehr ausgehen, weil sie befürchten, die Miete für ihre Wohnung ansonsten nicht voll ausnutzen zu können. Stattdessen werden die beiden den Freitagabend auf dem Sofa vor dem Fernseher verbringen.

»Ja, wir haben halt für den ganzen Monat bezahlt, da wären wir ja schön doof, wenn die Wohnung den ganzen Abend leer stehen würde«, argumentiert Moritz, obwohl er, wie er beteuert, sich sehr gerne noch aufraffen, anziehen, fertig machen und den Bus in die Stadt nehmen würde, um dann später völlig übermüdet zu Fuß oder mit dem überteuerten Taxi wieder nach Hause zu kommen.

»Und wenn wir jetzt ins Kino gehen würden, dann würden wir ja quasi zwei Sachen gleichzeitig bezahlen und nur eine nutzen«, gibt Frieda zu bedenken. »Einmal das Kino und einmal die Miete zu Hause. Das wäre ja totale Geldverschwendung.«

Freitag- oder samstagabends ausgehen wollen die beiden daher erst wieder, wenn sich ihr Vermieter bereit erklärt, nur dann zu kassieren, wenn sie auch wirklich zu Hause sind.

Eierlegende: Hühner erzählen sich Märchen von der Wollmilchsau

Weil Botox ihn so jung wirken lässt:
Putin zwangsrekrutiert und an die Front verfrachtet

Moskau, Donezk (dpo) – Fatale Panne vor den Toren des Kreml: Weil der russische Präsident Wladimir Putin dank Botox und Fillern so jugendlich wirkt, wurde er heute Morgen beim Verlassen seines Amtssitzes von Anwerbern der Armee aufgegriffen und zwangsrekrutiert.

»Hee, Bursche! Hiergeblieben«, rief ein Soldat, während seine Kameraden den russischen Regierungschef festhielten. »Dein Vaterland braucht dich! Ab in den Bus!«

Putins vehemente Beteuerungen, er sei bereits 69 Jahre alt und komme für eine Rekrutierung nicht infrage, brachten ihm lediglich Gelächter ein. »Haha! Mit dem faltenfreien Porzellanpuppengesicht und dem gestählten Oberkörper? Wen willst du hier verarschen, du kleiner Drückeberger? Jetzt ist Schluss mit Uni, der Ernst des Lebens fängt an!«

Inzwischen befindet sich der russische Präsident nach Absolvierung eines 15-minütigen Militärtrainings an der Front in der Nähe der ukrainischen Stadt Lyman. Dort sind Putins Vorgesetzte mittlerweile so genervt von dessen Erklärungsversuchen, dass sie beschlossen haben, den neuen Rekruten »auf eine Spezialmission« ganz nah an eine ukrainische Stellung zu schicken.

Kam nicht gut an: Komiker nach Witz über Hooligans auf dem Heimweg verprügelt

Mann beim Schwarzfliegen erwischt:
60 Euro Strafe!

Frankfurt (dpo) – Ticketkontrolleure der Lufthansa haben heute auf einem Linienflug von Frankfurt nach New York einen Schwarzflieger gestellt. Für sein Vergehen muss der Mann nun eine Strafe von 60 Euro zahlen.

Zuvor hatte sich der Schwarzflieger bereits auffällig nervös verhalten, als die Ticketkontrolleure an seinen Platz kamen. »Er tat dann so, als hätte er ein Ticket und würde es nur gerade nicht finden«, erinnert sich Kontrolleur Felix Mazur. »Aber so was kennt man ja von diesen Spezialisten. Also habe ich geduldig gewartet.«

Doch auch nach minutenlanger Suche konnte der mutmaßliche Schwarzflieger keinen Flugausweis oder eine gültige Monatskarte vorweisen. »Er hat sogar versucht, mir ein altes, bereits entwertetes Flugticket vom letzten Jahr unterzujubeln«, so Mazur kopfschüttelnd.

Das Verhalten des Mannes wird ihn jetzt teuer zu stehen kommen. Insgesamt 60 Euro beträgt das übliche Bußgeld in solchen Fällen. Zudem musste er beim nächsten Halt der Maschine (in diesem Fall New York) sofort aussteigen.

Auf die Bremse getreten: Liebesbeziehung zwischen Pferd und Insekt merklich abgekühlt

RATGEBER

10 starke Antworten

an WhatsApp-Trickbetrüger, die behaupten, sie wären Ihr Kind, das sein Handy verloren hat

HEUTE

> Hallo Mama/Papa, das ist meine Neue Nummer. Mein Handy ist kaputt gegangen. Nachricht mir bitte per WhatsApp an +49163▉▉▉▉▉▉▉ diese kannst du speichern.
>
> 12:53 ✓

Wer sie noch nicht selbst bekommen hat, kennt meist jemanden, der sie schon erhielt: rührende Nachrichten von WhatsApp-Betrügern, die sich als Familienangehörigen ausgeben, um Geld zu erschleichen. Doch nur wenige gehen richtig mit solchen Kontaktversuchen um. Hier sind zehn starke Antworten, die Sie verwenden können:

1. Ganz schön mutig, dich jetzt zu melden, nach allem, was du dir auf der Familienfeier geleistet hast! Entschuldige dich erst mal richtig! Davor passiert hier gar nix!
12:50 ✓

2. Wie ist das möglich?? Ich hatte dich doch vor zwei Jahren mit dem Küchenmesser erstochen und im Garten verscharrt!
12:59 ✓

Beachtlich: Bushido verdient mehr als 50 Cent

Der Postillon

3. Hallo mein Name ist Elaine orcester. Mein Mann, der späte Graf von Worcester ist in eine Militärkrankenhaus in Mali an Krebs gestorben. Nun habe ich selbst nur noch 33 Minuten zu leben und suche eine freundlische und vertrauens Nenschen, diemir ihre Credit Card Number schickt, damit ich geben kann ihr 3756282 Millionen PfundDollar.
Sincerely Donna Elaine
12:59 ✓

4. Ach du bist's! Ich dachte schon, du wärst ein Trickbetrüger. Du weißt ja, was ich mit Trickbetrügern mache. Ich spüre sie auf, egal wo sie auf der Welt sitzen. Dann schleiche ich mich hinter sie und beobachte sie, wie sie meine überlange Antwort lesen, die ich nur so ausschweifend verfasse, um Zeit zu gewinnen. Dann nehme ich mein altes rostiges Messer, warte kurz, bis ihnen bewusst wird, dass ich bereits hinter ihnen stehe, und dann: Du kannst dich jetzt umdrehen.
12:59 ✓

5. Gut, dass du dich meldest! Ich wollte dir eh gerade schreiben. Ich hab da nämlich so einen seltsamen Wulst knapp unterhalb des Afters, bei dem ich mir unsicher bin, ob ich damit vielleicht zum Arzt sollte. Was meinst du? Hier ein Foto:
12:59 ✓

6. Ah! Krobaki sin Lebsloaf. Kän lolami? Frxlapolt sarf mikno. raups? 👄🥐✈️✂️🔄🐋
12:59 ✓

7. Hallo Sohn/Tochter, das ist meine Neue Nummer. Mein Handy ist kaputt gegangen. Bitte schreib mir eine Nachricht auf WhatsApp 016█████ diese kannst du speichern.
13:00 ✓

8. Vielen Dank für Ihre Nachricht! Eine Bearbeitungsgebühr von 16,54 Euro wird umgehend über Ihre Mobilfunknummer abgebucht. Wir freuen uns, Ihnen behilflich sein zu dürfen. Wenn sie Ihr Jahresabonnement bestätigen wollen, antworten Sie jetzt mit »Ja«. Andernfalls antworten Sie mit »Pfiuupfiüüpfüü«.
13:00 ✓

9. Warum sagst du mir das nicht persönlich? Du sitzt doch gerade mit mir am Tisch und unterhältst dich mit mir.
13:01 ✓

10. Was heißt hier Mama/Papa? Fängst du jetzt auch schon mit dieser linksgrün-versifften Genderei an? Willst du mir bald auch Fleisch, Feuerwerk und SUVs verbieten!!?! Du bist enterbt, du kleiner Öko-Scheißer!
13:01 ✓

Schwierigkeiten auf Kreisebene: Kann man mit Pi-Raten wirklich rechnen?

Der Postillon

Endlich! Supermärkte bieten jetzt auch SUV-Einkaufswagen an

Köln (dpo) – Der Geländewagentrend erreicht jetzt auch unsere Supermärkte: Mit REWE bietet die erste Einzelhandelskette neben normalen Einkaufswagen künftig auch SUV-Einkaufswagen an. Andere Supermarkt- und Discounterketten dürften bald nachziehen.

»Wir versuchen uns immer nach den Bedürfnissen unserer Kunden zu richten«, erklärte eine REWE-Sprecherin. »Und wenn wir auf die Parkplätze vor unseren Filialen schauen, dann haben unsere Kunden offenbar den Wunsch, sinnlos große und möglichst unpraktische Fahrzeuge zu steuern. Das können sie ab sofort auch in unseren Geschäften tun.«

SUV-Einkaufswagen oder SUSC (für Sports Utility Shopping Cart) zeichnen sich durch einen besonders hohen Radstand und große Robustheit aus. Vom Erscheinungsbild sind sie an Geländeeinkaufswagen angelehnt. Im Vergleich zu herkömmlichen Einkaufswagen verfügen sie zudem über ein deutlich größeres Fassungsvermögen.

Da SUV-Einkaufswagen aufgrund ihrer Größe und ihres höheren Gewichts in der Produktion deutlich energieintensiver und teurer sind, kosten sie erheblich mehr Pfand (fünf Zwei-Euro-Stücke).

Dafür bieten die Wagen robuste Stoßdämpfer sowie Räder mit extrastarkem Profil für den Fall, dass Kunden innerhalb eines Supermarktes plötzlich in schwieriges Gelände geraten.

Erste Testfahrer sind begeistert: »Der SUV-Einkaufswagen lässt sich zwar schwerer steuern und ich habe echt Probleme, oben Waren reinzuwerfen und an der Kasse wieder rauszuholen, aber dafür habe ich einfach eine viel bessere Übersicht und fühle mich deutlich sicherer im Einkaufswagenverkehr«, schwärmt etwa REWE-Kundin Annette Huber.

Tatsächlich zeigen Crashtests, dass SUV-Einkaufswagen bei Zusammenstößen mit herkömmlichen Einkaufswagen weitgehend unversehrt bleiben, während Letztere in der Regel einen Totalschaden erleiden und ihr Fahrer schwer verletzt ins Krankenhaus muss.

Ohne Schonung: Gläubiger nehmen Schuldner auch noch sein Waldstück

Nach Einstufung von Atomkraft und Gas als nachhaltig: EU stuft weiße Socken in Sandalen als sexy ein

Brüssel (dpo) – Gute Nachrichten für Männer ab 40! Das EU-Parlament hat heute bestätigt, dass weiße Socken in Sandalen künftig als sexy einzustufen sind. Die historische Entscheidung erfolgte direkt nach dem Beschluss, Atomkraft und Gas als nachhaltig einzustufen.

»Sorry, aber wie kann man das nicht heiß finden?«, erklärte der spanische EVP-Abgeordnete Iker Espinoza, während er einen Fuß hob, um seine in Sandalen getragenen Tennissocken zur Schau zu stellen. »Es wird Zeit, dass Europa das anerkennt. Zu lange schon wollen Sneaker- oder Flipflopfans alleine bestimmen, was sexy ist und was nicht.«

Der jetzige Beschluss ist die Krönung einer langen Kampagne: Große Socken- und Sandalenhersteller setzen sich schon seit Jahren dafür ein, dass die Europäische Union im sogenannten »Rechtsakt zur Sexynomie« die erotische Anziehungskraft der Kleidungskombination anerkennt.

In der Praxis bedeutet die Einstufung weißer Socken in Sandalen als sexy, dass Socken-in-Sandalen-Träger künftig bei der Vergabe öffentlicher Komplimente berücksichtigt werden müssen.

In den kommenden Monaten will die EU-Kommission außerdem Pizza Hawaii als lecker, Zyankali als gesund und Katzengold als Edelmetall einstufen.

»Dann bin ich ja recht bewandert«: Mann freut sich über die Aussage, er sei dumm wie 5 Meter Feldweg

Schlimmer Verdacht:
Schmuggelt die Regierung Rechtschreibfehler in Posts von AfD-Anhängern?

Berlin (Archiv) – Es ist ein ungeheuerlicher Vorwurf, doch die Indizienlage ist erdrückend: Manipuliert die Regierung gezielt Posts und Kommentare von AfD-Anhängern im Internet so, dass sie Rechtschreibfehler enthalten? Darauf deutet eine neue Studie des »Gunnar-Lindemann-Instituts für angewannten Patrieotismus« (GLIfaP) hin.

»Offenbar versucht die Scholz-Regierung gezielt, ihre schärfsten Kritiker in der Öffentlichkeit bloßzustellen, indem sie sie wie Idioten dastehen lässt, die trotz aller Vaterlandsliebe kein ordentliches Deutsch gelernt haben«, erklärt Institutsleiter Aaron Kramm, der mit seinem Team mehr als 15 000 einschlägige Posts analysierte.

Der Verdacht: In speziellen Rechenzentren der Regierung werden Online-Beiträge von AfD- und NPD-Anhängern entweder automatisch oder durch die Handarbeit Tausender Spezialisten identifiziert und anschließend mit den haarsträubendsten Schreibfehlern versehen.

Apple stellt neues unsichtbares Produkt iMagination vor

Damit sollen Rechte der Lächerlichkeit preisgegeben und ihre Anliegen diskreditiert werden. Die einfache Rechnung: Wer nicht einmal die deutsche Sprache beherrscht, hat im öffentlichen Diskurs nichts verloren.

Kramm nennt ein Beispiel: »Der besorgte Bürger Mike G. etwa hat mir persönlich versichert, dass er einen Post mit dem exakten Wortlaut ›Wo bekomme ich denn AfD-Flyer her? Ich würde sie gerne verteilen, um meine Krefelder Mitbürger aufzuwecken‹ verfasst hat.« Doch durch die perfide Manipulation der Bundesregierung erschien sein Beitrag wenig später so im Internet:

Mike 5 Minuten
Wo bekomme ich »Flayer, von der AFD her??Die ich verteilen kann??!!Da ich gerne moechte das alle in Krefeld mal »Aufwachen!!
9 Kommentare

Ähnliches widerfuhr Silke P. aus Unna, die einen wohldurchdachten Post darüber verfasste, dass die Aufnahmekapazitäten Deutschlands ihrer Ansicht nach erschöpft seien, weshalb die Politik handeln müsse:

Silke 2 h
Das deutsche Boot singt aber niemand merkt es von denen da oben sowieso nich hätte ich nie gedacht dass es mal tatsächlich so weit kommt
Gefällt mir · Antworten

Das GLIfaP fordert nun von der Regierung eine umfassende Aufklärung der Vorwürfe. In einem Facebook-Post des Instituts heißt es: »Es ist, eine frecheit , das aufrechte deutsche Patrieoten auf dise Weiße verglimpft werden!!!1! Die BRD-BetRüDer, wo hinter den Mahcenschafen sint, gehöhren allesand vergaßt.«

Valentinstag: Single-Frau geht mit ihrem Vibrator fein essen

Köln (dpo) – Auch Singles können sich einen schönen Valentinstag machen: Julia Wrede aus Köln etwa hat heute kurzerhand ihren Vibrator auf ein Date in ein edles Restaurant ausgeführt.

»Wir sind jetzt schon seit über einem halben Jahr intim«, erklärt die 29-Jährige und deutet auf den Vibrator, der gegenüber auf dem Tisch steht. »Zuerst war das nur so ›friends with benefits‹, aber inzwischen finde ich: Wieso können wir eigentlich nicht trotzdem am Valentinstag was zusammen unternehmen?«

Sie wirft einen Blick auf die Speisekarte, als der Kellner auf ihren Tisch zusteuert, um die Bestellung aufzunehmen. »Für mich bitte einen gemischten Salat und das Boeuf Stroganoff und für ihn zwei Duracell-Optimum-AA-Batterien. Danke!«

Darüber, was die beiden im Anschluss planen, hält sich Wrede eher bedeckt. »Sagen wir mal so: Wir gehen definitiv noch zu mir. Mehr will ich aber nicht verraten.«

9-Euro-Ticket-Aktion vorbei:
Punks sitzen auf Sylt fest

Westerland (dpo) – Seit heute ist das 9-Euro-Ticket Geschichte – doch offenbar hatten das nicht alle auf dem Radar: Auf der Nordseeinsel Sylt sind Hunderte Punks gestrandet, weil sie nicht daran gedacht hatten, die Insel rechtzeitig zu verlassen. Viele von ihnen waren im Juni auf die Insel gefahren, als die 9-Euro-Ticket-Aktion begann, und sorgten seitdem für Schlagzeilen.

»Fuck! Hätte ich bloß aufs Datum geachtet«, schimpft etwa Tom »Ratte« Peschmann, während er am Smartphone die aktuellen Bahnpreise checkt. »Nach Berlin zurück kostet jetzt statt 9 Euro … Alter was?!?! 103,90 Euro! Wie soll das denn bitte gehen? Da müsste ich ja …« Er rechnet kurz in Gedanken. »... 104 mal 'nen Euro schnorren. Nee, das klappt nicht. Das wäre ja fast schon Arbeit. Ich komm hier nicht mehr weg.«

Rund 200 Punks sitzen derzeit allein in Westerland fest, nachdem sie es verpasst haben, rechtzeitig mit dem 9-Euro-Ticket zurückzufahren.

Sie trinken Bier und halten Schilder mit Aufschriften wie »Christian Lindner, gib Sonderticket« oder »Friedrich Merz, flieg uns zurück« in die Höhe.

»Ich versteh die FDP und die Schnösel auf Sylt irgendwie nicht«, wirft eine Punkerin mit dem Namen Liz ein. »Die wollen keine Punks, dachte ich. Warum locken sie uns dann erst mit dem 9-Euro-Ticket her und ziehen dann plötzlich quasi die Zugbrücken hoch?«

Zwar könnten die Punks auch schwarzfahren und so zurück aufs Festland gelangen. »Aber jetzt kontrollieren die natürlich grade wie verrückt«, vermutet Liz. »Das wird nix.«

Die Punks haben inzwischen angekündigt, auf Sylt zu überwintern. Viele von ihnen dürften wohl für immer bleiben.

Lässt die Fetzen fliegen: Altkleidermafia feiert Gründung eigener Fluggesellschaft

Der Postillon

Ritter und Bettler mit jeweils halbem Mantel erfroren aufgefunden

München (dpo) – Zwei mysteriöse Kältetode beschäftigen derzeit die Münchner Behörden. Am Freitag war dort zunächst die Leiche eines armen Mannes gefunden worden, die trotz niedriger nächtlicher Temperaturen nur mit einem halben Mantel bekleidet war. Wenig später fand man in der Nähe den leblosen Körper eines ebenfalls mit einem halben Mantel bekleideten Ritters. Beide Männer sind nach ersten Erkenntnissen erfroren.

»Nach jetzigem Stand der Ermittlungen sieht alles danach aus, als hätte der Ritter seinen Mantel in der Mitte durchgeschnitten und ihn dem anderen Mann gegeben«, so ein Sprecher der Polizei. »Das war natürlich alles andere als klug, weil man mit einem halben Mantel nur seinen halben Körper wärmen kann und über die unbekleidete Hälfte viel Wärme verliert.«

In der Nacht von Donnerstag auf Freitag herrschten im Raum München Temperaturen nahe dem Gefrierpunkt. Dennoch ritt der ursprüngliche Besitzer des Mantels, laut Personalausweis Martin von T., durch Schnee und Wind. »Wir gehen davon aus, dass ihn sein Ross geschwind forttrug und sein Mantel ihn auch warm und gut bedeckt hat.«

Dass er sich dann entschied, die Hälfte des wärmenden Kleidungsstücks abzutrennen, stellt die Ermittler vor ein Rätsel: »Wir fragen uns immer noch, warum Herr von T. den armen Mann nicht einfach mit zu sich nach Hause genommen und ihn dort aufgewärmt hat«, so der Sprecher. »Er besaß ja eine beheizte Wohnung. Stattdessen lieber beide der Kälte auszusetzen ist einfach nur Leichtsinn, der in diesem Fall zwei Menschenleben gekostet hat.«

Die Rettungsdienste der Stadt München raten ausdrücklich davon ab, im Falle eines drohenden Erfrierungstodes wärmende Kleidungsstücke zu zerschneiden. Stattdessen sollte man lieber eine Wärmestube, etwa in der Bahnhofsmission, aufsuchen oder den Notarzt rufen. Das Ross des Ritters hat überlebt und wurde an einen örtlichen Schlachthof übergeben.

Fast nur Witze mit Bart: Neues Simpsons-Drehbuch kann nicht überzeugen

Der Umwelt zuliebe:

Frau macht Dusche jetzt immer aus, wenn sie nicht drunter steht

Münster (dpo) – Wasser sparen schont nicht nur die Umwelt, sondern auch den Geldbeutel. Sanna Bergmeier aus Münster hat dieses Prinzip verinnerlicht: Die 28-Jährige dreht ihre Dusche seit Neuestem einfach ab, wenn sie sie nicht gerade benutzt.

»Normal lief meine Dusche ja immer rund um die Uhr«, erklärt Bergmeier. »Aber aktuell soll man ja sparen wegen Energiekrise und Umwelt und so. Und deshalb hab ich mich jetzt entschlossen, das Wasser abzustellen, wenn ich gerade nicht dusche. Weil da brauche ich das ja eigentlich gar nicht.«

Dabei nimmt sie sogar in Kauf, dass das Wasser in den ersten paar Sekunden beim Duschen unangenehm kalt ist. »Aber am Ende ist es ja auch ein Zeichen gegen Putin, das man da setzt. Dafür ertrage ich auch ein paar Sekunden Kaltwasser.«

Und tatsächlich scheint sich Sanna Bergmeiers Eifer auszuzahlen: Ihre Wasserrechnung ist von 450 Euro im Monat auf 10 Euro gesunken, die Heizkostenrechnung von 800 Euro auf 70 Euro.

»Wahnsinn!«, freut sich die angehende Umweltschützerin. »Dass man mit so kleinen Einschnitten so viel erreichen kann!« Inzwischen überlegt sie sogar, ihre neue Sparmethode auch nach Überwinden der Energiekrise beizubehalten.

Aufatmen im Hallenbad: Kind endlich wieder aufgetaucht

Mobilisierung immer krasser:
Kreml organisiert Kaffeefahrten, um Omas an ukrainische Front zu locken

Moskau (dpo) – Überspannt Putin jetzt den Bogen? Die russische Regierung hat heute damit begonnen, Kaffeefahrten zu organisieren, um nichtsahnende Senioren in Bussen an die Front in der Ukraine zu transportieren. Statt Kaffee und Kuchen erwarten die Teilnehmer Gewehre und Marschbefehle.

»Herzlichen Glückwunsch! Sie haben gewonnen!« – solche vermeintlichen Gewinnbenachrichtigungen landen derzeit in den Briefkästen Hunderttausender älterer Menschen im ganzen Land. Einen Gewinn von 8000 Rubeln (umgerechnet 129,33 Euro) sollen die Empfänger am Ende eines Tagesausflugs mit Kaffee und Kuchen entgegennehmen.

Doch die Realität sieht anders aus: Nach mehrstündiger Fahrt steigt plötzlich ein Drill Sergeant zu und informiert die meist aus alten Damen bestehende Ausflugsgesellschaft brüllend über ihre Rekrutierung. Danach werden Uniformen ausgeteilt und die Bedienung eines Sturmgewehrs erläutert.

Schließlich enden die »Ausflugsfahrten« an der ukrainischen Grenze, wo die Seniorinnen meist direkt in die Schlacht geschickt werden. »Ich wollte eigentlich nur meinen Geldgewinn einsammeln und vielleicht eine Heizdecke oder ein paar schöne Teflonpfannen kaufen«, berichtet etwa die 79-jährige Tamara Petrova, während sie eine verrostete Kalaschnikow mit Munition lädt. »Stattdessen muss ich jetzt eine ukrainische Pontonbrücke am Oskil zerstören. Ich will mich nicht beschweren. Aber nächstes Mal werde ich das Kleingedruckte auf jeden Fall gründlicher lesen.«

»Ruhe im Karton!«: Grabredner erbittet Stille bei Billig-Bestattung

Zugvogel ganz vorne fragt sich, wann die anderen merken, dass er keine Ahnung hat, in welche Richtung er fliegt

Augsburg (dpo) – Das könnte Ärger geben: Ein Zugvogel, der derzeit an der Spitze einer V-Formation vermeintlich in Richtung Süden fliegt, wird allmählich immer nervöser. Das Graugans-Männchen fragt sich, wann die ihm nachfolgenden Graugänse merken, dass er nicht die blasseste Ahnung hat, ob er in die richtige Richtung fliegt.

»Oje, oje, oje«, denkt der Grauganter. »Spinn ich oder wird das immer kälter? Geht's hier wirklich nach Afrika? Und fliege ich überhaupt halbwegs geradeaus?«

Tatsächlich hatte er gar nicht vorgehabt, schon jetzt in Richtung Süden aufzubrechen. Doch als er kürzlich nahe Augsburg nur ein Stück den Lech entlangfliegen wollte, hängten sich plötzlich 17 andere Graugänse an ihn an.

»Erst war ich total stolz, dass die mir alle vertrauen und denken, ich weiß, wo's langgeht«, gesteht der Vogel. »Also bin ich einfach mal frei Schnabel losgeflogen und habe es genossen, wie ein Anführer behandelt zu werden.«

Den richtigen Zeitpunkt, um zuzugeben, dass er über einen grottenschlechten Orientierungssinn verfügt und bislang bei Reisen in den Süden stets ganz hinten flog, hat er inzwischen verpasst. »Das wäre vor ein paar Hundert Kilometern vielleicht noch okay gewesen. Aber jetzt ist es definitiv zu spät«, so der Grauganter. »Jetzt muss ich durchziehen und einfach hoffen.«

Er kneift die Augen zusammen und blickt in die Ferne. »Fuck! Sind das da vorne Fjorde?!?!«

Gute Fonds: Suppunternehmer wird Bouillonär

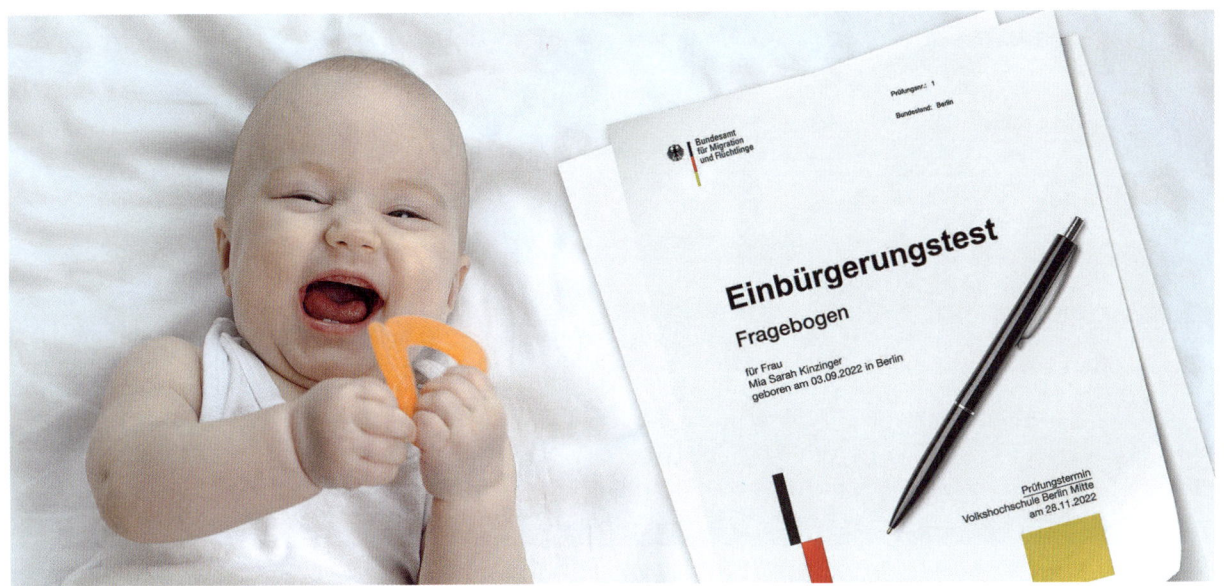

»Staatsbürgerschaft wird zu leichtfertig vergeben« – Union fordert Einbürgerungstest für Babys

Berlin (dpo) – Sie tauchen plötzlich in Deutschland auf, ohne Geld, ohne Job, ohne Ausbildung, ohne Sprachfertigkeiten – und doch erhalten sie problemlos die deutsche Staatsbürgerschaft: Die Rede ist von Babys. Allein 800 000 waren es im Jahr 2021. Die Union will diesen Missstand beheben und fordert einen verpflichtenden Einbürgerungstest spätestens einen Monat nach der Geburt.

»Wir haben herausgefunden, dass die allermeisten Deutschen ihre Staatsbürgerschaft einfach so bei der Geburt ohne irgendwelche Voraussetzungen erhalten«, erklärte CDU-Chef Friedrich Merz. »Das ist ein absolutes Unding! Die allermeisten Babys können überhaupt nichts, sind ökonomisch komplett unproduktiv und liegen der Gesellschaft oftmals 15 und mehr Jahre auf der Tasche!«

Die Union fordere daher, dass an Neugeborene ähnliche Maßstäbe angelegt werden wie an zugewanderte Fachkräfte. »Ein verpflichtender Einbürgerungstest sollte das Mindeste sein«, so Merz. »Wer hier neu ist, hat sich an der deutschen Leitkultur zu orientieren und nicht nur nach Brüsten und Schnullern zu gieren.«

Kritik, auch er und andere Unionspolitiker seien einst als Babys mühelos an die deutsche Staatsbürgerschaft gelangt, wischte Merz verärgert beiseite: »Das ist längst verjährt und tut hier gar nichts zur Sache!«

Babys, die den Test nicht schaffen, sollen nach dem Willen der Union aus Deutschland abgeschoben werden.

Nächster Zensurskandal:
Familie will »Layla« nicht auf Beerdigung von Oma spielen

Osnabrück (dpo) – Zensur mitten in Deutschland? Familie Reißmann aus Osnabrück hat sich dazu entschlossen, auf der Beerdigung von Großmutter Milena Reißmann (84 †) auf das Abspielen des Ballermann-Hits »Layla« zu verzichten. Nun tobt im Netz eine erbitterte Debatte um Kunstfreiheit und Verbotskultur.

Mehrere Medien hatten vor dem Hintergrund der aktuellen Diskussionen um den Song bei Familie Reißmann angefragt, ob der Partyschlager bei der Beisetzung der 84-Jährigen als musikalische Untermalung laufen werde. Daraufhin teilte ein Sprecher der Familie mit, dass dies nicht geplant sei und man sämtliche Gäste der Trauerfeier darum bitte, »Layla« nicht abzuspielen.

Im Internet war der Shitstorm perfekt. »Erst Würzburg, dann Düsseldorf und jetzt auch noch die Reißmann-Beerdigung!!!«, lautet etwa ein erboster Kommentar auf Twitter. »In einer Demokratie herrscht Freiheit, jeden Song abzuspielen, ob es den Gutmenschen passt oder nicht. #freelayla«

Zehntausende weitere Menschen beteiligten sich an der Debatte im Netz und beklagten die zunehmende Meinungsdiktatur in Deutschland. »Jetzt zeigen die Wokies mal wieder ihre hässliche Fratze«, empört sich eine Facebook-Userin. »Ich dachte immer, die Kunstfreiheit ist im Grundgesetz garantiert. Aber offenbar können sich die Reißmanns einfach so darüber hinwegsetzen, wenn es ihnen in den Kram passt.«

Eine verzweifelte Wortmeldung der Familie, man wolle das Lied nicht verbieten, sondern rein aus Pietätsgründen nicht abspielen, wurde als »billige Rechtfertigung« und unter Verweis auf eine »Meinungsdiktatur unter dem Deckmantel der Rücksichtnahme« kritisiert.

Inzwischen haben mehrere Aktivisten angekündigt, vor dem Osnabrücker Friedhof eine Musikanlage aufzubauen und von dort aus die für Sonntag geplante Beisetzung von Milena Reißmann mit »Layla« zu beschallen, um ein Zeichen für die Freiheit zu setzen.

Hat aufgehört zu rauchen: Feuerwehrmann vermeldet Erfolg

Hölle (dpo) – Jetzt erreicht die Energiekrise auch den Hort ewiger Qualen: Aufgrund der hohen Gaspreise senkt die Hölle seit heute ihre Betriebstemperatur offiziell von 455 Grad auf 17 Grad ab. Dämonen, die Schlote und Vulkankegel dennoch voll aufdrehen, müssen mit Strafen rechnen.

»Die derzeitigen Energiepreise sprengen alle unsere Kalkulationen«, klagt Höllen-Geschäftsführer Satan, der seine Arbeitsbekleidung bereits vom knappen Lederharnisch auf Anorak, Schal und Handschuhe umgestellt hat. »Viele Menschen glauben ja, die Hölle heize sich quasi von selbst. Aber natürlich sind auch wir auf russisches Gas angewiesen.«

Tatsächlich bezog der berühmte Ort der Verdammnis vor dem Ukraine-Krieg mehr als 80 Prozent seiner Energie über die Hell Stream 1 Pipeline. »Als der Teufel persönlich hätte ich auch überhaupt keine moralischen Bedenken, weiterhin russisches Gas zu nutzen«, erklärt Satan. »Immerhin ist Putin einer meiner besten Männer.«

Doch weil die Hölle geografisch unterhalb der vatikanischen Katakomben liegt und Hell Stream 1 am europäischen Netz hängt, betrifft das

Wegen Energiekrise:
Hölle wird nur noch auf 17 Grad beheizt

russische Gas-Aus auch das Teufelsreich.

»Für uns brechen jetzt schwere Zeiten an«, seufzt Satan. »Wir haben bereits sämtliche Lavabecken abgeschaltet und Feuerstrafen für schwere Sünden eingestellt.« Stattdessen setzt der Höllenfürst nun stärker auf klassische Peitschenfolter, um seine Dämonen durch die körperliche Ertüchtigung warm zu hal-

ten. »Aber ewig können wir das auch nicht durchhalten. Für uns Höllenwesen sind 17 Grad auf Dauer einfach zu kalt. Allein heute mussten wir schon vier Gargoyles und sechs Dämonen mit Unterkühlung behandeln.«

Nächste Woche will Satan auf der Suche nach Alternativen erstmals nach Katar reisen, um mit der dortigen Regierung über umfangrei-

che Gaslieferungen zu verhandeln.

Den von vielen Höllenbewohnern geforderten Ausbau erneuerbarer Energien will der Teufel jedoch weiterhin nicht vorantreiben: »Eher friert die Hölle zu, als dass ich in so einen Öko-Humbug investiere«, schimpft er, bevor er nachdenklich wird. »Wobei … wenn das so weitergeht, dürfte es spätestens im Januar so weit sein.«

Kein Ende in Sicht: Kind sucht Jim-Knopf-Buch schon seit Stunden

Was ein Volldepp! Alien fotobombt James-Webb-Teleskop-Aufnahme

Weltall (dpo) – Groß waren die Erwartungen an die ersten Aufnahmen des James-Webb-Weltraumteleskops. Doch nun folgt die Ernüchterung: Offenbar hat ein infantiler Außerirdischer alles ruiniert, indem er irgendwelche albernen Faxen in die Kamera machte.

»Unglaublich! Dieses Teleskop hat 10 Milliarden US-Dollar gekostet und sollte der Menschheit eine völlig neue Vorstellung des Universums geben«, erklärt ein Sprecher der US-Weltraumagentur NASA. »Und dann kommt dieser kackdreiste Alien-Vollidiot und ruiniert einfach alles mit seinem pubertären Gehabe.«

Astronomen sind sich einig, dass die in 1,5 Millionen Kilometern Entfernung zur Erde aufgenommenen Fotos durch den Außerirdischen wissenschaftlich weitgehend nutzlos seien. »Der verdeckt essenzielle Teile der Aufnahme«, erklärt NASA-Astrophysikerin Lynn Beckett. »Da fehlen ganze Galaxien. Außerdem kann man mit dem Foto kaum arbeiten, weil man dann immer diese nervige Visage sehen muss. Das regt einen total auf!«

Dabei hatte man darauf gehofft, durch das James-Webb-Weltraumteleskop einen riesigen Schritt nach vorne bei der Erforschung des Weltraums zu machen. »Wer weiß, vielleicht hätten wir sogar Hinweise auf intelligentes Leben. Aber weiter von intelligentem Leben kann man gar nicht entfernt sein wie dieser Depp«, so Beckett.

Inzwischen haben mehrere Experten die Veröffentlichung der ruinierten Bilder durch die Raumfahrtbehörden kritisiert. Dadurch werde der Außerirdische in seinem asozialen Verhalten nur bestätigt. »Am besten einfach ignorieren«, meint etwa Harvard-Psychologe Martin Addison. »Sonst hört dieser Clown nie auf.«

Bei der NASA setzt man nun auf eine technische Lösung: Derzeit laufen die Arbeiten an einer weiteren 10 Milliarden Dollar teuren Sonde, die mit einer Teleskophand ausgestattet ist. Ihr einziger Zweck soll sein, dem dummen Alien eine zünftige Backpfeife zu geben, sollte es so etwas noch einmal versuchen.

Macht es nicht mehr lange: Herzkranker kriegt nur noch Quickie hin

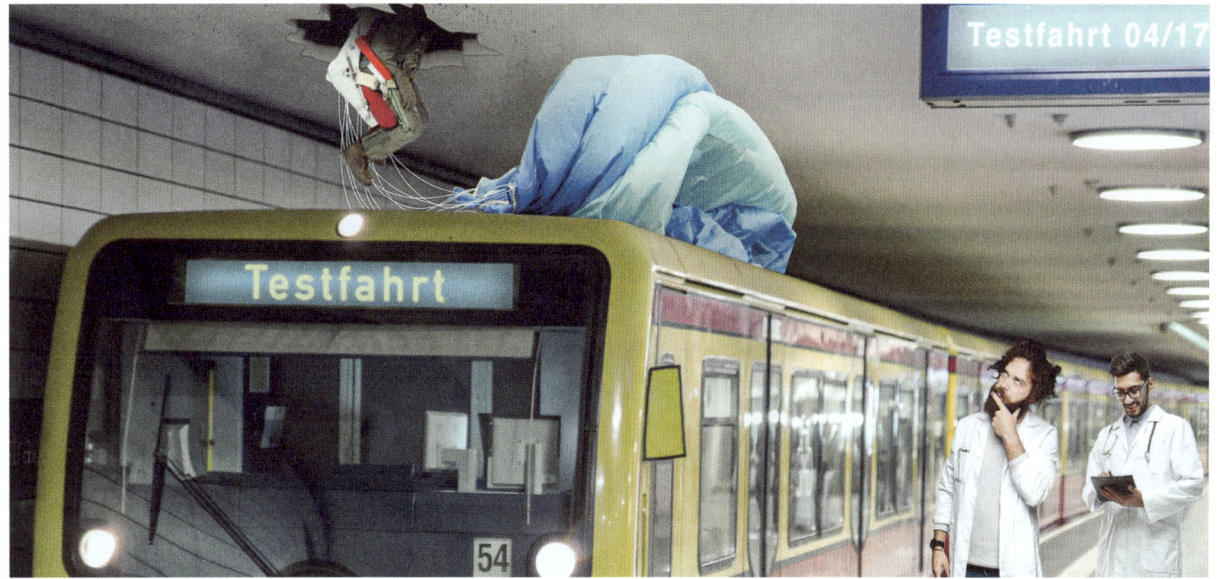

Bringen sie überhaupt mehr Sicherheit?
Schleudersitz-Test für U-Bahn-Fahrer gerät zum Fiasko

Köln (dpo) – Die Idee klang so vielversprechend, doch inzwischen wachsen die Zweifel: Nach intensiven Crash-Tests durch den TÜV Rheinland stellt sich allmählich die Frage, ob die in den letzten Monaten als Innovation gepriesenen Schleudersitze für U-Bahn-Fahrer wirklich mehr Sicherheit bringen.

»Das Prinzip Schleudersitz hat sich in der Luftfahrt bewährt und bereits vielen Piloten das Leben gerettet«, so TÜV-Prüfer Egon Heuss. »Aber wir haben inzwischen wachsende Zweifel, ob es sich wirklich 1:1 auf U-Bahnen übertragen lässt.«

Dabei hatten führende Hersteller zunächst große Hoffnungen in das Konzept: Rast beispielsweise eine U-Bahn auf ein gefährliches Hindernis zu wie etwa eine Wand, einen riesigen Abgrund oder eine andere U-Bahn, könnte der Fahrer einfach einen Hebel betätigen und sich durch eine Luke im Dach binnen Sekundenbruchteilen in Sicherheit katapultieren. Anschließend gleitet er mit einem Fallschirm gefahrlos zu Boden.

Doch in der Praxis erwies sich dieser Ansatz als unausgereift: Bei ersten Tests mit Crash-Test-Dummys wurden an den Puppen Beschädigungen festgestellt, die für echte U-Bahn-Fahrer wohl lebensbedrohliche Verletzungen zur Folge gehabt hätten.

»Wir überprüfen gerade, woran es hapert«, so Heuss. »Womöglich ist die Zündung des Schleudersitzes zu schwach eingestellt. Oder der Fallschirm öffnet im falschen Moment.«

In den kommenden Monaten soll ein neues Team von Qualitätsprüfern zunächst die bisherigen Tests auswerten und dann an die Ursachenforschung gehen. Bis man Schleudersitze im täglichen U-Bahn-Verkehr sieht, wird es somit wohl noch etwas dauern.

Sah Tiere: Journalist schreibt spöttischen Bericht über Zoobesuch

Endlich mehr Stauraum!
VW bringt erstes Wohnmobil mit Keller auf den Markt

Wolfsburg (dpo) – Wohnmobile erfreuen sich bei Campingfreunden aufgrund des hohen Komforts seit Jahrzehnten großer Beliebtheit. Ihr einziges Manko: Allzu viel Stauraum gibt es auch in ihnen nicht. Volkswagen möchte das ändern und hat mit dem VW Arizona Underground das erste Wohnmobil mit Keller auf den Markt gebracht.

»In der Regel muss man schon sehr genau überlegen, was man alles auf eine Reise mit einem herkömmlichen Wohnmobil mitnehmen will«, erklärte eine Sprecherin von VW. »Das hat jetzt ein Ende. Der Arizona Underground ist das erste vollständig unterkellerte Wohnmobil der Welt, mit dem Sie auf nichts mehr verzichten müssen.«

Der Wohnmobil-Keller liegt direkt unter der Wohnkabine und ist durch eine Kellertreppe vom Erdgeschoss aus bequem zugänglich. Er bietet dabei viel zusätzlichen Stau- und Aufenthaltsraum, ohne dass sich die Grundfläche des Fahrzeugs erhöht.

Das mit dem Keller zusätzlich anfallende Gewicht wird durch einen besonders leistungsfähigen Motor mit 170 PS und extra verstärkten Stoßdämpfern kompensiert. Wie auch bei anderen Räumlichkeiten darf der wohnmobileigene Keller während der Fahrt aus Sicherheitsgründen nicht genutzt werden. Zu groß ist etwa die Gefahr, die Kellertreppe bei einem plötzlichen Bremsmanöver hinabzustürzen.

Bei der Entwicklung eines Wohnmobils mit erhöhtem Stauraum gab es laut VW auch zwischenzeitlich Überlegungen, weitere Obergeschosse einzuziehen, doch weil dies zulasten der Aerodynamik gegangen wäre und an niedrigen Unterführungen zu Problemen geführt hätte, entschied man sich schließlich für die Kellerlösung. »Weil ein Keller unterirdisch ist, gibt es derartige Probleme nicht.«

Nicht wenige nutzen den Kellerraum auch als Billard-Zimmer.

Mit einem Listenpreis von 127 000 Euro ist der VW Arizona Underground zwar nicht gerade günstig – der zusätzliche Platz dürfte für viele Campingfreunde jedoch ein gewichtiges Kaufargument sein.

Wer noch mehr investieren will, erhält für einen Aufpreis von 8000 Euro einen bereits voll ausgestatteten Weinkeller oder für 14 000 Euro eine voll funktionsfähige Kellersauna.

Mehrfacher Lotto-Gewinner verrät sein Geheimnis:
»Habe einfach den ZDF-Livestream bis zur Verkündung der Lottozahlen vorgespult«

Dortmund (dpo) – Er hat als einziger Deutscher bereits fünfmal den Lotto-Jackpot geknackt. Multimillionär Timo Hasedeul (34) verrät jetzt erstmals exklusiv im Postillon, wie ihm dieses Kunststück immer wieder gelingt.

»Es ist eigentlich total simpel«, so Hasedeul. »Jeder von uns ist ja sicher schon mal in einem Livestream zurückgesprungen, weil er etwas spät dran war oder so. Ich mache das Gleiche, ziehe den Regler aber einfach in die andere Richtung.«

Tatsächlich bietet das ZDF in seinen Streams in der Mediathek die Möglichkeit, bis zu 120 Minuten vorwärts zu springen. »Lotto-Annahmeschluss ist mittwochs um 18 Uhr. Die Lottozahlen werden um 18.25 Uhr gezogen und gegen 18.54 Uhr in den heute-Nachrichten verkündet«, erklärt Hasedeul. »Ich habe also einfach immer vorher geschaut, wie die Zahlen lauten, und die dann einfach gespielt.«

Warum geht der 34-Jährige mit diesem Trick an die Öffentlichkeit? »Ich habe ausgesorgt und möchte jetzt einfach so vielen Menschen wie möglich die Chance geben, ebenfalls Millionär zu werden«, lacht er und braust anschließend mit seinem Luxusauto davon.

Zurück bleiben ein paar auf dem Boden liegende Hundert-Euro-Scheine.

Zweieiige Zwillinge: Brüder am Hodensack zusammengewachsen

Scholz trägt sie immer bei sich: Das befindet sich in der Kanzler-Aktentasche

Inzwischen hat sie fast schon Kultstatus – die schwarze Aktentasche aus abgewetztem Leder, die Olaf Scholz stets mit sich trägt. Doch was befindet sich eigentlich im Inneren? Wir haben mehrere Personen aus dem engsten Umfeld des Bundeskanzlers befragt und eine vollständige Liste aller Gegenstände zusammengestellt, ohne die Olaf Scholz nie das Kanzleramt verlässt:

Eine kleinere Aktentasche

Kamm, Haargel, Föhn, Lockenwickler

Für eine perfekte Kanzlerfrisur.

Codes für deutsche Atomraketen

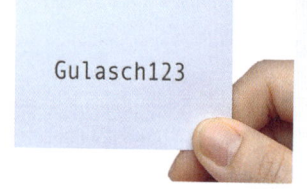

Sie dachten, es gibt keine? Wie naiv kann man sein?

Ein Käsebrot

Für den kleinen Hunger zwischendurch.

Falls Scholz unterwegs plötzlich dringend eine Aktentasche braucht.

Schmiedet Fluchtplan: Metallhandwerker entführt

Der Postillon

Koffeintabletten

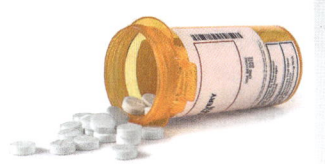

Damit Scholz nicht einschläft, wenn er eine Rede hält.

Spiderman-Kostüm

Mehr dürfen wir nicht sagen, um seine geheime Identität nicht preiszugeben.

Ein Chihuahua

Die sind einfach soooooo süß!

Ein Bügeleisen

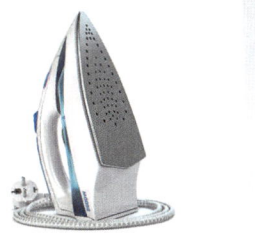

Für knitterfreie Hemden in jeder politischen Lage.

Eine Rauchgranate

Für den schnellen Rückzug, falls jemand nach seiner Rolle im Cum-Ex-Skandal fragt.

Akten

Was haben Sie erwartet? Es ist eine verdammte Aktentasche!

Die aktuelle Ausgabe der Wendy

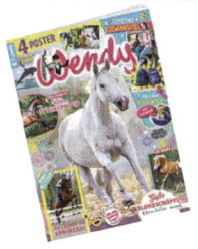

Als Kanzler muss man stets informiert bleiben.

Ein Zöglfrex

Falls Scholz mal seine Röfelbessen frahmig grandulieren oder einfach nur den Dengel vom Flums benauschen muss.

Akte

Scholz zeichnet für sein Leben gern nackte Menschen. Im Bild ist sein Parteikollege Frank-Walter Steinmeier zu sehen.

MAN, MAN, MAN: Drei Lkws gleichen Typs bauen Auffahrunfall

Der Postillon

Katar (dpo) – WM-Gastgeber Katar lässt nichts unversucht, um kurz vor dem Start des Fußballturniers echte Stimmung aufkommen zu lassen. Nachdem zuletzt bezahlte Fans beim Jubeln gesichtet wurden, ließen die Organisatoren nun bezahlte Hooligans mehrere Innenstädte verwüsten, um Fans in aller Welt zu begeistern.

Für echte WM-Stimmung:
Katar lässt bezahlte Hooligans Innenstädte verwüsten

»Wow! Was für eine Bombenstimmung hier! Die WM hat noch gar nicht angefangen und hier brennt schon die Luft!«, freut sich ein Sprecher des WM-Organisationskomitees. »Solche Schattenseiten gehören eben auch zum echten Fußball, dessen ganze Seele Sie hier in Katar sehen können.«

Wie viel Geld jeder der »Hooligans«, bei denen es sich weitgehend um Gastarbeiter handeln dürfte, für den Einsatz bekam, ist nicht bekannt. Aus Bildern und Videos ist jedoch ersichtlich, dass einige der vermeintlichen Krawallfans eher halbherzig für ihr jeweiliges Land randalieren. Andere wiederum zeigten mehr Begeisterung und warfen Steine, Stühle oder Brandsätze.

Die dabei entstandenen Videos sollen zwischen den einzelnen WM-Spielen eingeblendet werden und zeigen, dass Fußball- und Fankultur tief in der katarischen Gesellschaft verwurzelt sind.

Insgesamt kam es bei den bezahlten Ausschreitungen, die nach einigen Stunden unter dem Einsatz von bezahlten Polizisten mit Wasserwerfern niedergeschlagen werden konnten, zu Sachschäden im niedrigen zweistelligen Millionenbereich. Die katarische Regierung kündigte bereits an, den Betrag vom vereinbarten Honorar der Hooligans abzuziehen.

Gudrun: IKEA stellt neues Sofa vor

Vorbild Nagelstudio:
Erstes Zahnputzstudio in Berlin eröffnet

Berlin (dpo) – Dass viele Menschen für die Haar-, Bart-, Fuß- oder Nagelpflege spezielle Studios aufsuchen, ist nichts Neues. Ein Unternehmer aus Berlin will nun einen neuen Markt erschließen – mit dem ersten professionellen Zahnputzstudio Deutschlands.

»Wer keine Lust hat, sich selbst die Zähne zu putzen, oder sie einfach mal richtig von einem Profi geschrubbt bekommen möchte, der kommt zu uns«, erklärt Martin Schönherr, Inhaber von »Shiny Whites«. »Meine sieben Angestellten und ich sind alle ausgebildete Zahnputzkräfte.«

Einmal Zähneputzen Basic dauert bei »Shiny Whites« etwa fünf Minuten und kostet 12 Euro (Damen 15 Euro). Im Preis inbegriffen sind freie Auswahl aus einem großen Sortiment an Markenzahnpasta sowie ein Becher Wasser zum Ausspülen am Ende.

Stammkunden kommen aber selbstverständlich vor allem wegen der ausgefeilteren Wohlfühlprogramme. So bietet Schönherr auch eine anschließende Reinigung der Zahnzwischenräume mit Zahnseide, eine Zungensäuberung, Mundwasser oder exotische Craft-Zahnpastas.

Besonders in den frühen Morgen- und den späten Abendstunden ist der Andrang groß. »Da stehen die Leute bei uns Schlange«, so Schönherr. »Aber auch mittags schauen viele Kunden spontan vorbei. Unsere Flyer liegen in allen Dönerbuden der Umgebung aus.«

»Tatar!«: Metzger präsentiert neueste Kreation

Der Postillon

RATGEBER

7 untrügliche Zeichen, dass Ihr Chef Sie bald feuern wird

Ihr Vorgesetzter verhält sich komisch und Sie machen sich Sorgen um Ihren Arbeitsplatz? Wir haben für Sie sieben untrügliche Zeichen zusammengestellt, an denen Sie erkennen können, dass Ihr Chef* Sie bald feuern wird:

1. Ihr Chef lobt Ihre Arbeit.

Wenn Ihr Chef plötzlich anfängt, Ihre Arbeit zu loben, ist das ein sicheres Zeichen dafür, dass er Sie bald feuern wird. Er möchte Ihnen das Gefühl geben, dass alles in Ordnung ist, bevor er Ihnen die schlechte Nachricht mitteilt.

2. Ihr Chef bietet Ihnen eine Gehaltserhöhung an.

Wenn Ihr Chef Ihnen überraschend eine Gehaltserhöhung anbietet, ist das ein weiteres untrügliches Zeichen dafür, dass er Sie bald feuern wird. Er möchte Ihnen zumindest noch ein kleines finanzielles Polster zukommen lassen, bevor er Ihnen sagt, dass Sie nicht mehr benötigt werden.

3. Ihr Chef lädt Sie zu sich nach Hause zum Essen ein.

Wenn Ihr Chef Sie auf einmal zu sich nach Hause zum Essen einlädt, kann das nur eines bedeuten: Er möchte Sie privat besser kennenlernen, um zu prüfen, ob Sie zumindest Freunde bleiben können, wenn er Sie feuert.

4. Ihr Chef bietet Ihnen eine Beförderung an.

Das ist ein typischer Chef-Move kurz vor einer fristlosen Kündigung. Auf die Art will er Ihr Selbstbewusstsein stärken, damit es die Kündigung einigermaßen übersteht.

5. Ihr Chef verspricht Ihnen, Sie niemals zu feuern, egal was passiert.

Mit derartigen Aussagen versuchen Chefs, Ihre Angestellten in Sicherheit zu wiegen, weil Angestellte, die sich sicher fühlen, eine plötzliche Entlassung besser verkraften. Die fristlose Kündigung ist in solchen Situationen jedoch meist schon per Post unterwegs.

6. Ihr Chef fragt Sie, ob Sie sich vorstellen könnten, eines Tages in seine Fußstapfen zu treten und die Firma zu übernehmen.

In den Schwitzkasten genommen: Frau zerrt unwilligen Ehemann in die Sauna

Es ist nett, dass er Ihnen vorgeblich so viel zutraut. Jedoch berichten neun von zehn Arbeitslosen, genau diese Frage gestellt bekommen zu haben, bevor sie aus heiterem Himmel gefeuert wurden.

7. Ihr Chef fragt Sie, ob Sie gemeinsam mit ihm zum Notar fahren wollen, damit er Ihnen seine Firma sofort überschreiben kann.

Wir müssen vermutlich nicht einmal mehr erklären, was Ihnen der Notar anstelle der Besitzurkunde für die Firma zum Unterschreiben vorlegen wird. Wir sagen es Ihnen aber trotzdem: die fristlose Kündigung!

Fazit: Falls mindestens eines dieser sieben Anzeichen auf Sie zutrifft, sollten Sie besser sofort die Initiative ergreifen und selbst kündigen. So ersparen Sie sich das demütigende Gefühl, entlassen zu werden, und kommen Ihrem Chef einen Schritt zuvor.

*Hinweis: Wir verwenden aus Gründen der besseren Lesbarkeit die männliche Form. Selbstverständlich gelten bei einer Chefin dieselben Regeln.

Konsequent:
Angestellte in Unverpackt-Laden sind alle nackt

Stuttgart (dpo) – Wenn, dann konsequent: Im Unverpacktladen »Sonnenblume« in Stuttgart werden nicht nur Waren unverpackt feilgeboten, auch alle Angestellten sind nackt. Das Ziel ist die Vermeidung von unnötigem Müll.

Kunden reagieren oft verwundert, wenn sie ihren Laden betreten, berichtet Inhaberin Ines Berger. »Aber das wäre doch total bescheuert, wenn wir nur unsere Waren unverpackt lassen würden. Nicht nur die Verpackungsindustrie schadet dem Planeten, auch die Textilindustrie.«

Dabei sei Kleidung weitgehend überflüssig: »Wozu soll man Menschen aus optischen Gründen in Stoff verpacken, wenn man den Stoff ja doch wieder entfernt, sobald man beispielsweise duschen geht?«

Auch an der Haltbarkeit ändern Klamotten nichts. »Nackte Menschen haben eine ähnliche Lebenserwartung wie angezogene, solange sie richtig gelagert werden.«

Kunden dürfen selbstverständlich weiterhin den Laden auch angezogen betreten, sofern es sich um von zu Hause mitgebrachte Mehrwegkleidung handelt.

Der Postillon

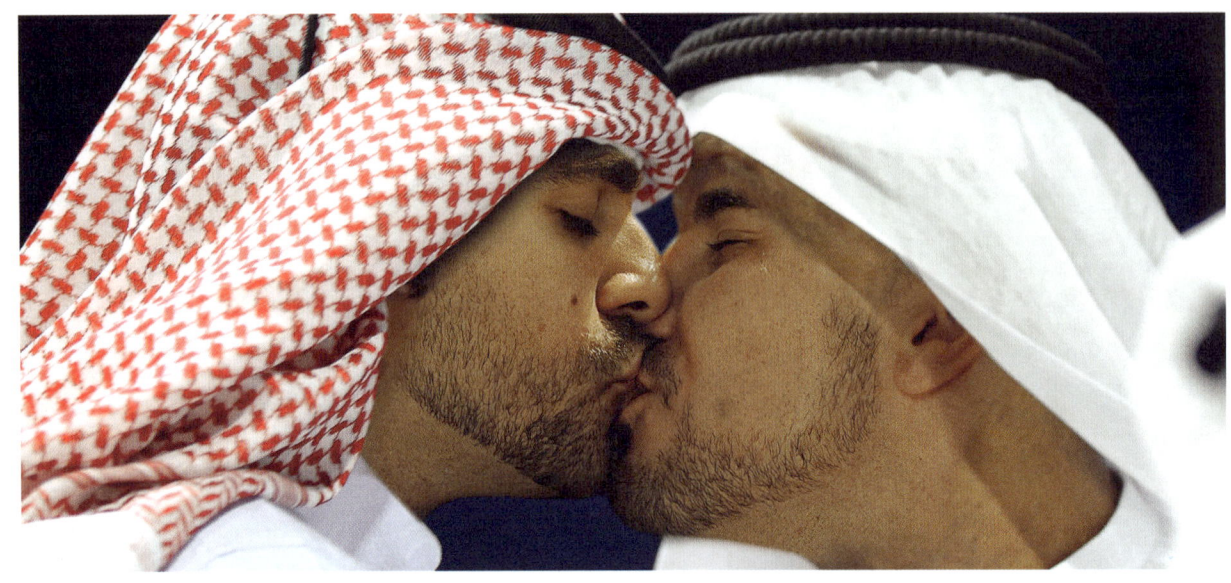

Nach Zulassen von Regenbogen-Utensilien in WM-Stadien:
Alle Katarer über Nacht homosexuell geworden

Doha (dpo) – Das haben sie jetzt davon! Weil Katar auf Druck der FIFA nachgegeben und Regenbogen-Fahnen sowie -Kleidungsstücke in WM-Stadien zugelassen hat, sind über Nacht plötzlich alle 2,7 Millionen Einwohner des Landes homosexuell geworden.

»Genau das wollten wir die ganze Zeit verhindern«, klagt Premierminister Khalid bin Khalifa bin Abdulaziz Al-Thani, während er auf dem Schoß von Vizepremierminister Mohammed bin Abdulrahman Al Thani sitzt. »Wir wussten, wie anfällig das katarische Volk ist. Sobald wir auch nur einen Regenbogen sehen, ist es um uns geschehen.«

Er dreht sich um und fragt: »Stimmt's, mein Hengst?« Dann tauschten Premierminister und Vizepremierminister einen langen innigen Kuss aus.

Tatsächlich spielten sich in Katar in der Nacht von Donnerstag auf Freitag herzzerreißende Szenen ab, als nahezu sämtliche heterosexuellen Ehen und Liebesbeziehungen des Landes praktisch zeitgleich zerbrachen und sich Männer und Frauen jeweils neue gleichgeschlechtliche Partner suchten.

Derzeit prüfen katarische Wissenschaftler, ob es Wege gibt, die sexuelle Umorientierung des katarischen Volkes wieder rückgängig zu machen. Erste Versuche, die unter anderem stundenlanges Starren auf monochrome Stoffstücke beinhalteten, brachten bislang jedoch noch keine messbaren Resultate.

Ob die WM inmitten dieses von der FIFA und einigen europäischen Verbänden angerichteten Chaos noch sinnvoll weitergeführt werden kann, ist derzeit fraglich.

Latteinunterricht: Schüler findet Lehrerin sexy

Der Postillon

Mit Extra-Fach für Geliebte/n:
Ikea bringt Kleiderschrank Åffäre auf den Markt

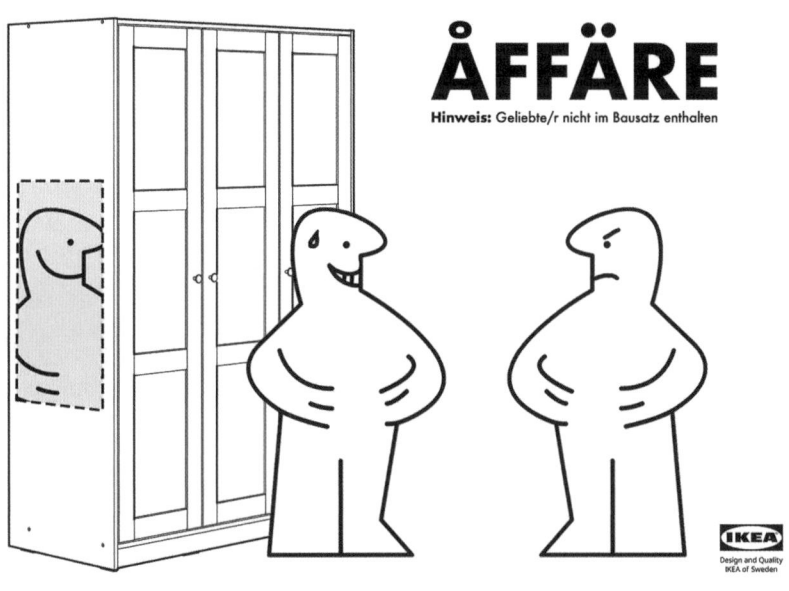

Delft (dpo) – Mit einer neuen Kleiderschrankvariante will der Möbelkonzern Ikea frischen Wind ins Schlafzimmer bringen: Der dreitürige Schrank »Åffäre« ist der erste seiner Art, der über ein gesondertes Geheimfach verfügt, in dem sich auf die Schnelle Geliebte verstecken lassen, wenn der oder die Partnerin überraschend nach Hause kommt.

»Jeder kennt es: Dein Partner kommt zur Haustür rein und du weißt nicht, wohin mit der oder dem Geliebten«, heißt es in einer Werbebroschüre von Ikea. »Da heißt es oft: Ab in den Kleiderschrank! Doch der ist meistens randvoll mit Kleidung, stickig, unbequem und schlecht ausgestattet. Mit unserem neuen Schrank ›Åffäre‹ musst du dir keine Sorgen machen: Hier kann dein Seitensprung entspannt und sicher ausharren, bis die Luft rein ist.«

Tatsächlich bietet »Åffäre« mehrere Vorzüge, über die herkömmliche Kleiderschränke nicht verfügen: Das Geheimfach für Geliebte ist hinter einer doppelten Wand so verbaut, dass »Åffäre« offen und geschlossen wie ein völlig normaler Kleiderschrank aussieht:

Zusätzlich ist im mit Lüftungslöchern ausgestatteten Geheimfach ein Notfallkit mit Essen und Trinken für 24 Stunden enthalten, falls der oder die Geliebte länger im Versteck bleiben muss. Ein 10 Meter langes Seil ermöglicht es zudem, sich notfalls in einem unbeobachteten Moment aus dem Fenster abzuseilen.

Offenbar hat Ikea mit dem pfiffigen Möbelstück einen Nerv getroffen: Dem Konzern zufolge gab es bereits so viele Onlinebestellungen, dass »Åffäre« bis auf Weiteres als ausverkauft gilt.

Fassungslos: Glühbirne am Boden zerstört

Pilotprojekt gegen Personalmangel:
Metzger sollen in dreiwöchigem Crashkurs zu Chirurgen umgeschult werden

Berlin (dpo) – Um dem akuten Personalmangel in deutschen Krankenhäusern entgegenzuwirken, hat das Gesundheitsministerium ein neues Pilotprojekt gestartet: Metzger und Metzgereifachverkäufer sollen in einem dreiwöchigen Crashkurs zu Chirurgen umgeschult werden.

»Wir haben festgestellt, dass das Berufsbild des Fleischers dem des Chirurgen in vielerlei Hinsicht ähnelt«, sagte eine Sprecherin des Gesundheitsministeriums. »Auch Metzgerinnen und Metzger arbeiten mit Haut, Fleisch, Organen und Innereien. Und sie können hervorragend mit scharfen Messern umgehen.«

Das Pilotprojekt, das in zwei Krankenhäusern in Berlin und Hamburg starten wird, sieht vor, dass Fleischereifachleute in einem dreiwöchigen Crashkurs die notwendigen Fähigkeiten erlernen, um als Chirurgen tätig zu sein.

Metzgereifachverkäuferinnen bei der Umschulung (Tag 1):

»Das mit dem Aufschneiden haben die meisten schnell raus«, so Tina Storjohann, die den Crashkurs leitet. »Am schwierigsten ist es, den Crashkursteilnehmern beizubringen, entnommene Organe oder Geschwüre nicht sofort in eine leckere Marinade einzulegen. Solche Gewohnheiten legt man nicht so schnell ab.«

Metzgereifachverkäufer bei der Umschulung (Tag 21):

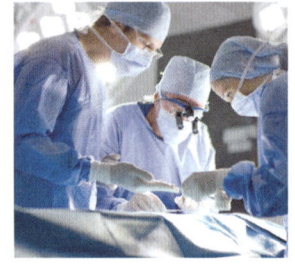

Auch beim Nähen gebe es noch größere Wissenslücken. »Es reicht eben nicht, Wunden zu verschließen, indem man ein paar Zahnstocher an den richtigen Stellen platziert.«

Dennoch geht die Ausbildung gut voran. Spätestens zum Ende des Jahres sollen die ersten Metzger bereit sein und erste Operationen durchführen.

Ehepaar komplett verschieden: Beide tot

Um Energie zu sparen:
Autoscheinwerfer müssen im Winter aus bleiben

Berlin (dpo) – Diesen Winter ist Energiesparen angesagt. Nun hat auch das Verkehrsministerium entsprechende Pläne präsentiert. So muss bei allen Kraftfahrzeugen ab dem 1. November sämtliche Beleuchtung dauerhaft ausgeschaltet bleiben – bei Zuwiderhandlung drohen Strafen.

»In diesen schwierigen Zeiten müssen wir alle zusammenhalten und möglichst viel Strom sparen«, erklärte Verkehrsminister Volker Wissing (FDP). »Allein die Frontscheinwerfer verbrauchen im Schnitt 0,2 Kilowatt pro Stunde. Bleiben sie während der Fahrt aus, spart das wertvolle Energie.«

Sowohl Stand-, Fern- und Abblendlicht als auch Rückleuchten, Innenraumbeleuchtung, Nebelschlusslichter und Bremsleuchten müssen demnach Tag und Nacht über ausgeschaltet bleiben. Auch auf den Einsatz des Blinkers sollte verzichtet werden. Wer abbiegen möchte, soll dies anderen Verkehrsteilnehmern per Handzeichen aus dem geöffneten Fenster anzeigen.

»Klar, es sieht schön aus, wenn Autos nachts mit festlicher Beleuchtung über unsere Straßen sausen«, räumte Wissing ein. »Aber brauchen wir das wirklich?«

Auch über ein Nutzungsverbot für Autoradios habe man im Verkehrsministerium nachgedacht, aus Sicherheitsgründen jedoch letztlich davon abgesehen. »Das Fahren im Dunkeln kombiniert mit der Abwesenheit von Ablenkung könnte dazu führen, dass mehr Menschen am Steuer einschlafen«, so Wissing.

Die Regelung gilt bis einschließlich 31. März 2023. Wer trotzdem mit Licht fährt, riskiert ein Bußgeld in Höhe von 70 Euro sowie einen Punkt in der Stromverschwenderkartei in Flensburg.

Nimmt kein' Plattform-Hund: Mann findet deutliche Worte gegen Online-Tierhandel

Fotogalerie:

So sehr verändern sich Männer, wenn sie sich den Bart abrasieren

Mit oder ohne Bart? Bei den meisten Männern macht das optisch einen riesigen Unterschied – vor allem, wenn sie sich nach langer Zeit erstmals wieder rasieren. Wie sehr eine simple Rasur ein Gesicht verändern kann, beweist diese Fotogalerie mit sechs Männern, die sich extra für uns von ihren geliebten Bärten getrennt haben.

Tom Schulze

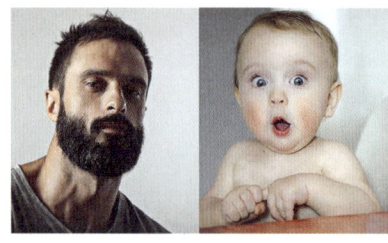

Links sehen wir Tom (35) mit üppigem Vollbart. Einige Haare sind bereits angegraut. Ein markanter Mann mittleren Alters, der bereits einiges erlebt hat. Glatt rasiert ist Tom ein völlig anderer Typ. Weg sind die grauen Haare. Er wirkt deutlich jünger, glatter, aber auch weniger respekteinflößend.

Ferdinand Ötting

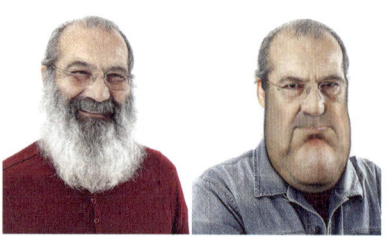

Auch Ferdinand Ötting (64) ist langjähriger Bartträger und genau so wie auf dem Foto links kennen ihn Familie und Freunde. Für uns ließ sich Ferdinand den Bart abrasieren. Die Verwandlung ist erstaunlich. Sein eher markantes Kinn fiel mit Haar im Gesicht kaum auf.

Demir Ozhan

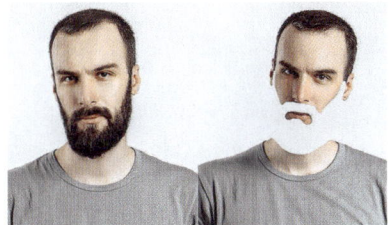

Auf dem linken Foto ist Demir Ozhan (26) mit, rechts ohne Bart zu sehen. Zwar bleibt Demir ein gutaussehender Mann, aber irgendwie fehlt in seinem Gesicht etwas. Wir sind der Meinung: Bart stand ihm besser!

Lars Jurisch

Beim 32-jährigen Lars Jurisch wirkt eine Rasur ebenfalls Wunder: So glatt wie im rechten Bild sah sein Gesicht laut seiner Freundin zuletzt im Teenageralter aus. Selbst Augenlider, Mund, Nase und Ohren sind kaum noch erkennbar – ein wahrer Anti-Aging-Effekt!

Mathias Bülow

Auch das Beispiel von Mathias Bülow beweist, wie sehr eine Rasur den … oje! Was ist da denn passiert? Ach, verdammt! Anscheinend haben wir Mathias versehentlich den Kopf rasiert und nicht den Bart! Das tut uns aber leid. Da muss irgendetwas durcheinander … Sorry an Mathias Bülow!

Julian Veerkamp

Bei Julian Veerkamp aus Bremen macht der Bart ebenfalls einen echten Unterschied: Wie man rechts sehen kann, wirkt der 36-Jährige nach der Rasur wie ein völlig anderer Typ. Seine langen Schlappohren kommen erst jetzt richtig zur Geltung und verleihen seinem Gesicht eine sympathische Quirligkeit.

Wir sehen: Eine Rasur kann erstaunliche Effekte haben. Wie gefallen Ihnen diese Männer besser? Schreiben Sie uns und lassen Sie es uns wissen!

Durch die Bank verdorben: Kühlwaren wegen geplatzten Kredits ohne Strom

Rache für Klimaprotest in Museen:
Van-Gogh-Fans kippen drei Fässer Altöl in die Nordsee

Dover (dpo) – Jetzt schlägt die Kunstwelt zurück: Eine Gruppe von Fans des niederländischen Malers Vincent van Gogh (1853–1890) hat heute in der britischen Stadt Dover drei Fässer Altöl in die Nordsee gekippt. Mit der gezielten Umweltverschmutzung wollen sich die »Van-Gogh-Ultras« für eine Aktion von Klimaaktivisten rächen, bei der Tomatensuppe über das Gemälde »Sonnenblumen« gekippt wurde.

»Das haben diese Kunstschänder jetzt davon!«, ruft Van-Gogh-Fan Oscar Shaw, während er schmutziges Öl ins Meer kippt. »Wenn die ein Meisterwerk von unserem geliebten Vincent beschädigen, dann machen wir eben das kaputt, was diese Klima-Aktivisten am meisten lieben: die Umwelt!«

Um Shaw herum ertönt Applaus, während sich das Wasser schmutzig-braun einfärbt. Eine Mitstreiterin kündigt an: »Das ist nur ein kleiner Vorgeschmack. Wir haben auch einen Haufen mit Autoreifen und scheuen nicht davor zurück, ihn anzuzünden, wenn diese sinnlosen Attacken gegen den besten Maler aller Zeiten nicht aufhören. Auge um Auge! Ohr um Ohr!«

Dass das Van-Gogh-Gemälde »Sonnenblumen« bei der umstrittenen Aktion in der London National Gallery unversehrt blieb, spielt für die Kunstaktivisten keine Rolle. »Es ist nicht unsere Schuld, dass diese Umwelthelnis ihre ach so wertvolle Nordsee nicht mal mit einer Glasscheibe gesichert haben«, so Shaw. Anschließend klebten er und seine Mitstreiter sich an einem Kai fest, ohne genau zu wissen, ob jemand Interesse hat, sie von dort wieder abzulösen.

Es steht zu befürchten, dass Van-Gogh-Fans nicht die Einzigen sind, die die Umweltaktivisten gegen sich aufgebracht haben. Auch der Weltverband der Tomatensuppen-Aficionados hat Gegenmaßnahmen angekündigt.

Häftlingssport: Neue Boulderwand in Gefängnishof unglaublich beliebt

Hamburg (dpo) – Ein Gefängnis geht neue Wege: Um ihre Insassen zu beschäftigen und die Haftbedingungen durch Freizeitaktivitäten zu verbessern, hat die JVA Fuhlsbüttel in dieser Woche eine Boulderwand im Gefängnishof installiert. Seitdem ist der Andrang riesig.

»Körperliche Ertüchtigung ist immer auch ein Schritt in Richtung Rehabilitation«, erklärt Gefängnisdirektor Janosch Rähmer. »Deshalb bemühen wir uns, unseren Häftlingen stets verschiedene Sportangebote zu machen.«

Doch bislang habe keine Sportart einen derartigen Ansturm erlebt wie die neue Boulderwand. Seit ihrer Installation an einer der Außenmauern der Justizvollzugsanstalt hat sich dort eine lange Schlange gebildet.

»Selbst sonst eher unsportliche Häftlinge beteiligen sich hier«, freut sich Rähmer. »Zum Beispiel der Lichtenberger, der sitzt hier seit fünf Jahren, hat sich nie bewegt. Und stand als einer der Ersten hier an, um die Wand zu benutzen. Und jetzt hat er ... hm, wo ist der eigentlich? Sonst sitzt er bei Freigang immer da vorne auf der Bank. Na jedenfalls: Die Boulderwand ist ein voller Erfolg, ein echter Durchbruch!«

Tatsächlich scheint einigen Gefangenen die Herausforderung sogar noch nicht groß genug. »Einige, die es schon bis ganz oben geschafft haben, haben sich danach sogar noch Ballast geholt, um es noch anspruchsvoller zu machen«, so Rähmer. »Die haben sich schwere Bolzenschneider und Seile aus unserer Werkstatt geholt, haben sich die auf den Rücken geschnallt und sind danach gleich wieder hochgeklettert.«

Rähmer vermutet, dass seine Häftlinge womöglich auch deshalb so begeistert vom Bouldern sind, weil sie nach den Feiertagen versuchen, unnötige Pfunde loszuwerden. »Das würde zumindest auch erklären, warum immer weniger Häftlinge zu den Mahlzeiten erscheinen.«

Seine: Sarkozy erhebt Anspruch auf Flusslandschaft

Sahra Wagenknecht sendet ihre YouTube-Videos künftig direkt aus Putins Arsch

Moskau (dpo) – Das ist der nächste logische Schritt: Sahra Wagenknecht will ab sofort ihre wöchentliche YouTube-Sendung *Wagenknechts Wochenschau* direkt aus dem Arsch von Wladimir Putin senden. Von dort aus könne sie noch schneller und feiner abgestimmt die aktuellen Positionen des russischen Präsidenten unters Volk bringen.

»Ja, ich habe mein Studio jetzt direkt in den Dickdarm von Wladimir Putin verlegt«, bestätige Wagenknecht. »Für mich ist das nur konsequent. Ich und einige andere Parteimitglieder der Linken stecken ja ohnehin schon seit ein paar Jahren bis zum Anschlag da drin, aber jetzt habe ich auch noch das ganze Equipment reingeholt, um meine Sendung von dort aus produzieren zu können.«

Von dem neuen Sendestandort aus will Wagenknecht in Zukunft noch besser erklären, warum die Ukraine kapitulieren sollte, inwiefern die NATO am Einmarsch Russlands Schuld trägt und warum westliche Sanktionen schlimmer sein sollen als echte Massaker an der ukrainischen Zivilbevölkerung.

»Ich bin hier quasi eine richtige Insiderin«, so die Politikerin. »Auch wenn es manchmal Gegenwind gibt.«

Ein Sprecher der Partei Die Linke betonte, dass Wagenknecht nicht im Namen der Partei spreche. Ebenso wenig wie Klaus Ernst. Ebenso wenig wie Sevim Dagdelen. Ebenso wenig wie Amira Mohamed Ali. Ebenso wenig wie Mitglieder des Ältestenrates der Linken. Ebenso wenig wie …

Nicht straffbar: Schönheitschirurg gewinnt Kunstfehlerprozess

»Ich hätt' Zeit« – Lothar Matthäus bringt sich als Queen-Nachfolger ins Spiel

München (dpo) – Er wartet nur auf den Anruf aus London: Lothar Matthäus hat sich heute als möglicher Nachfolger von Königin Elisabeth II. angeboten. Er habe internationale Erfahrung und die erforderlichen Leader-Qualitäten, so der gebürtige Franke.

»Ist das mit dem Charles schon klar? Hat der schon unterzeichnet?«, fragte Matthäus während eines Interviews. »Weil wenn nicht, dann ... also König, das könnt ich mir schon vorstellen. Dafür wär ich zu haben. König Lothar I. klingt gut.«

In Richtung britisches Königshaus verwies der Rekordnationalspieler darauf, man könne ihn jederzeit erreichen. »Meine Nummer hat praktisch jeder. Die muss ich jetzt nicht extra durchgeben, schätze ich. I'm looking excite for working with you long time.«

Zu klären wäre lediglich noch, ob Matthäus im Falle einer Übernahme der englischen Krone seinen Job als Sky-Experte weiterführen könne oder aufgeben müsse. »Aber daran sollt's nicht scheitern.«

Entlarvt: Obstbauer verkauft löchrige Äpfel

Der Postillon

Wegen Hitzewelle: Chaos in Käsefabrik!

Köln (dpo) – Die extreme Hitze hat heute in Köln eine Käsefabrik ins Chaos gestürzt. Offenbar war in einer der Lagerhallen die Kühlung ausgefallen, was zu einer großen Käseschmelze führte. Laut Feuerwehr kleben derzeit 35 Arbeiter fest und sind weitgehend bewegungsunfähig. Vier von ihnen wurden vollständig gratiniert.

Es müssen schreckliche Szenen sein, die sich im Inneren der Großkäserei abgespielt haben. Zwei Mitarbeiter des Betriebs, denen es gelang, sich rechtzeitig freizuessen, berichten, dass sich innerhalb von Sekunden heiße Käseströme über ihre Kollegen ergossen, während sich in den Gängen reißende Flüsse bildeten.

»Derzeit versuchen wir noch, zu den Eingeschlossenen vorzudringen«, erklärt Feuerwehrpressesprecher Johannes Diefersbach. »Das wird allerdings dadurch erschwert, dass fast die Hälfte unserer Einsatzkräfte laktoseintolerant ist.«

Doch die Zeit drängt. In einem Teil der Halle, in den die Sonne scheint, beginnt es bereits köstlich zu duften. »Wenn die Gratinierung abgeschlossen ist, gibt es keine Hoffnung mehr«, so Diefersbach. Man könne von Glück reden, dass es sich um Lochkäse handelte. »Dadurch sprechen wir von einer geringeren Gesamtmasse.«

Inzwischen gibt es offenbar einen neuen Plan zur Rettung der Arbeiter: Laut Feuerwehrkreisen versucht die Einsatzleitung, 20 000 Mäuse zur Fabrik zu schaffen. »Alle Zoohandlungen in der Umgebung werden abtelefoniert«, so ein Insider. Diese sollen dann vor Ort freigelassen werden und sich zu den Eingeschlossenen durchfressen.

Gab Aale und Liebe: Schiller schlief mit Fischverkäuferin

Der Postillon

»Wir sollen nüchtern spielen????« – Nationalmannschaft geschockt über Alkoholverbot in WM-Stadien in Katar

Doha (dpo) – So war das nicht vereinbart! Mit Verwunderung und Schock haben die Spieler der deutschen Nationalmannschaft das von WM-Gastgeber Katar verhängte Alkoholverbot für sämtliche WM-Stadien zur Kenntnis genommen. Dass sie plötzlich erstmals bei einem großen Turnier völlig nüchtern antreten sollen, macht viele Spieler ratlos.

»Wir sollen nüchtern spielen????«, fragte etwa ein völlig entsetzter Thomas Müller. »Das hab ich seit der C-Jugend nicht mehr gemacht. Jeder, der schon mal ein Interview nach dem Spiel mit mir gehört hat, weiß das!«

Auch İlkay Gündoğan kann nur den Kopf schütteln: »Ohne Rausch auf dem Rasen? Wie soll das gehen? Und wie sieht's mit Rauchen aus? Ist das wenigstens erlaubt?«

Nach Angaben des DFB will man nun eine Eil-Beschwerde bei der FIFA einreichen. Ein Alkoholverbot im Stadion so kurz vor Beginn des Turniers sieht der Verband als Wettbewerbsverzerrung.

»Wir sind natürlich davon ausgegangen, dass Alkohol erlaubt sein wird, und meine Jungs hatten entsprechend im Training auch einen sitzen«, so DFB-Coach Hansi Flick. »Und jetzt sollen sie unsere gesamten Bewegungsabläufe nüchtern abspulen. Das wird eine große Herausforderung. Ich kann ja immerhin noch einen Flachmann in meiner Trainerjacke reinschmuggeln, aber die Spieler sind da völlig aufgeschmissen.«

Experten rechnen damit, dass die deutsche Nationalmannschaft das Alkoholverbot zumindest teilweise kompensieren kann, indem die Spieler auf dem Weg zum Stadion ordentlich vorglühen. Dennoch ist ohne die wichtige Trinkpause während der Halbzeit spätestens ab der 60. Minute ein deutlicher Leistungsabfall zu befürchten.

Mathematiker finden größte bislang bekannte Primzahl

Manaus (dpo) – Brasilianische Mathematiker haben im Amazonasbecken rund 180 Kilometer nördlich von Manaus die bislang größte bekannte Primzahl entdeckt. Es handelt sich dabei um eine rund neun Meter hohe und 50 Tonnen schwere 3 aus Granit.

»Wow! Bislang konnten wir nur vermuten, dass eine so große Primzahl existiert«, freut sich Mathematikprofessor Benício Vieira de Assunção. »Jetzt wissen wir es endlich sicher!«

Der Fund der Primzahl gilt schon jetzt als mathematische Sensation. Bislang war die größte bekannte Primzahl eine riesige 29, die in Ägypten im Tal der Könige gefunden wurde. »Aber die war mit knapp sieben Metern Höhe und einem Gesamtgewicht von 44 Tonnen schon noch eine ganze Ecke kleiner. Außerdem bestand sie aus zwei Teilen, einer 2 und einer 9.«

Vergangenes Jahr sorgte außerdem der Fund einer 20 Meter großen 8 in China kurz für großes Aufsehen. Man stellte aber schnell fest, dass es sich dabei um keine Primzahl handelte. »Sie war sowohl durch vier als auch durch zwei teilbar. Aus mathematischer Sicht ist sie also praktisch wertlos«, so de Assunção.

Für weitere Untersuchungen soll die gigantische 3 nun an die mathematische Fakultät der Universität São Paulo transportiert werden. Dort wolle man intensiv mit ihr herumrechnen. »Ich kann es gar nicht erwarten, sie in Gleichungen einzusetzen«, freut sich de Assunção.

Die Suche nach immer größeren Primzahlen geht auch nach dem Fund der riesigen 3 in Manaus weiter. Denn aus mathematischer Sicht gibt es immer eine noch größere Primzahl. Theoretisch existieren also unendlich viele Primzahlen – sie werden nur immer schwieriger zu finden.

Statt Land Fluss: Überschwemmung

Der Postillon

Nach Tod von Queen Elizabeth:
Charles zur neuen Königin von England ernannt

London (dpo) – Darauf hat er lange gewartet: Prinz Charles tritt nach dem Tod von Queen Elizabeth II. die Nachfolge seiner Mutter an. Er wird ab sofort als Königin Charles III. über Großbritannien und das Commonwealth herrschen.

»Die Königin ist tot, lang lebe die Königin!«, verkündete ein Sprecher der Royal Family. Traditionell geht der Titel »Queen of England« nach dem Ableben der jeweiligen Amtsinhaberin auf ihr ältestes Kind über.

Derzeit sind mehrere Hofschneider dabei, die königlichen Gewänder an die Größe von Charles III. anzupassen.

Charles selbst absolviert derzeit einen Crashkurs im Lächeln und Winken.

Seriöse Modelagentuhr - Schicken Sie uns Ihre Nacktbilder heute noch zu!

Vermittlungsgebühr an superkunden: Nur tausend euro

Fotos an nudepics@fairphoto.ru

»Da Mosaik rum!«: Berliner Fliesenleger rügt Azubi lautstark

FIFA erklärt Flitzer für ungültig, weil er nicht nackt war

Katar (dpo) – Bei der gestrigen WM-Partie Portugal-Uruguay sorgte Flitzer Mario Ferri für Aufsehen und Beifall, als er in der 51. Minute mit einer Regenbogenflagge und einem T-Shirt mit den Worten »Save Ukraine« und »Respect Iranian Women« über den Rasen sprintete. Doch nun folgt die Ernüchterung: Weil Ferri nicht nackt war, hat die FIFA seine Aktion für ungültig erklärt.

»Unsere Schiedsrichter haben die Videoaufnahmen des Spiels analysiert«, so ein Sprecher des Weltfußballverbands. »Zu keinem Zeitpunkt war ein Penis, ein Hodensack, eine Gesäßbacke oder auch nur ein nackter Bauch oder Rücken zu sehen. Wir können Herrn Ferris Auftritt daher leider nicht anerkennen.«

Tatsächlich zeigen zahlreiche Videos, dass Ferri bei seinem Auftritt vollständig bekleidet war. Gemäß den Statuten der FIFA muss ein Flitzer jedoch zumindest weitgehend nackt sein, wenn er will, dass seine Aktion gültig ist.

Sämtliche Zuschauer, die Ferris Auftritt gesehen haben, werden nun darum gebeten, seine politischen Botschaften direkt wieder zu vergessen.

Anschließend zeigte die FIFA noch einmal Beispielbilder, wie Flitzer laut den offiziellen Statuten auszusehen haben:

Beispiel A (komplett nackt):

Zu viele Alkopops getrunken: Teenager colabierte

Beispiel B (in Socken):

Beispiel C (Schuhe, heruntergelassene Hose, Unterhose):

Beispiel D (in Socken und Schuhen):

Beispiel E (Socken, Schuhe, Cap):

Ferri selbst sollte beim nächsten Mal also korrekt gekleidet beziehungsweise unbekleidet auftreten. Andernfalls droht ihm eine lebenslange Flitzersperre.

Für Leute, die keine Ananas auf ihrer Pizza mögen:
Dr. Oetker bringt Pizza Hawaii mit Erdbeeren auf den Markt

Bielefeld (Archiv) – An Pizza Hawaii scheiden sich die Geister: Die einen lieben sie, die anderen finden Ananas auf der Pizza einfach ekelhaft. Der zweiten Gruppe kommt der Tiefkühlkosthersteller Dr. Oetker jetzt entgegen und bringt erstmals eine Pizza Hawaii mit Erdbeeren anstelle von Ananas auf den Markt.

»Es ist wohl kein Geheimnis, dass viele Menschen Ananas als Pizzabelag geradezu verabscheuen«, erklärt ein Sprecher von Dr. Oetker. »Bisher waren diese Menschen vom Genuss einer Pizza Hawaii quasi ausgeschlossen. Das möchten wir mit unserer neuen Pizza Hawaii mit Erdbeeren ändern.«

Nach mehreren Versuchen mit Ersatzfrüchten wie Äpfeln, Birnen, Orangen, Grapefruit, Bananen, Mangos, Pfirsichen, Himbeeren und der südostasiatischen Stinkfrucht Durian habe sich die Erdbeere als beste Alternative durchgesetzt.

»Nur erhitzte Erdbeeren haben die ideale fruchtige Süße, um den Geschmack von Schinken und Käse perfekt zu ergänzen«, so der Sprecher.

Doch auch für Pizza-Freunde, die jegliche Form von süßem Belag verabscheuen, will Dr. Oetker bald eine Hawaii-Alternative anbieten. »Wir tüfteln derzeit noch an einer Pizza Hawaii komplett ganz ohne Früchte, bei der der besondere Geschmack allein mit Süßstoff und Zucker zustande kommt. Unsere Kunden dürfen also gespannt sein.«

Die Runde geht aufs Haus: Kneipe feiert neue Sat-Schüssel mit Freigetränken

Der Postillon

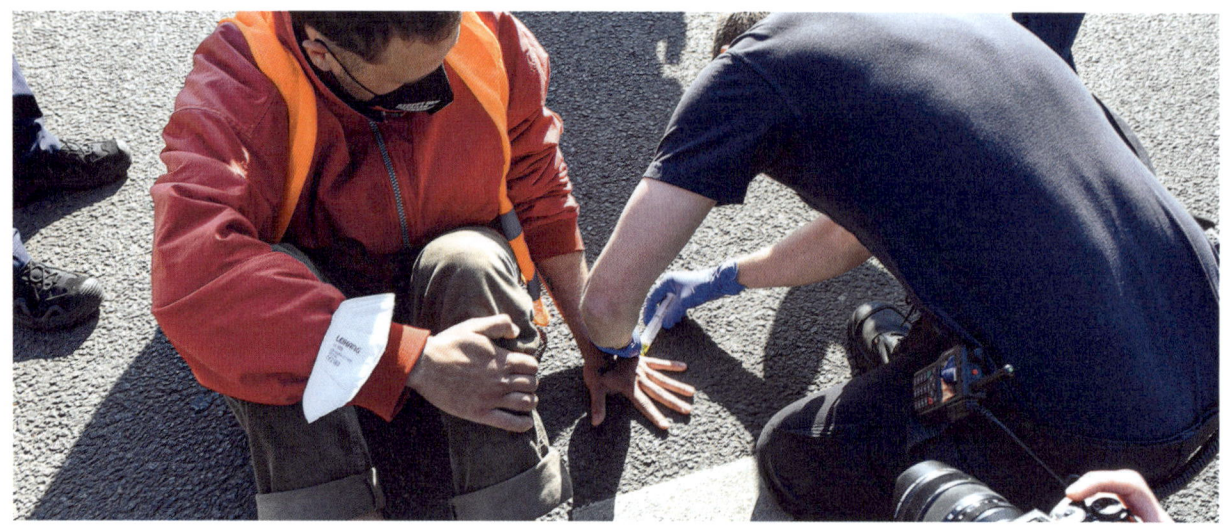

Waren gar keine Klimaaktivisten:
Polizei befreit zehn Personen von der Straße, die dort einfach durch die Hitze festgeklebt sind

Berlin (dpo) – Ein vermeintlicher Klimaprotest der Aktionsgruppe »Letzte Generation« hat sich gestern in Berlin als hitzebedingte Panne gewöhnlicher Passanten herausgestellt. Offenbar klebten mehrere Menschen aufgrund der hohen Temperaturen auf der Fahrbahn fest und nicht etwa, um ein politisches Zeichen zu setzen. Die Behörden sehen deshalb von Anzeigen ab.

»Hupende Autofahrer, mitten auf der Straße sitzende Leute, die mit der Hand am Boden kleben … Also wir sind erst mal fest davon ausgegangen, dass es sich um Klimaaktivisten handelt«, erklärte ein Sprecher der Berliner Polizei. »Hatten wir ja schon öfter dieses Jahr. Natürlich sagen erst mal immer alle, dass es ihnen unmöglich sei aufzustehen, weil sie festkleben. So weit also alles noch ganz normal. Stutzig machte uns erst, dass die Festgeklebten keinerlei politische Forderungen aufstellten, sondern einfach nur um Hilfe baten, weil sie wieder wegwollten.«

Eine der vermeintlichen Aktivistinnen erzählte, wie sie in diese missliche Lage geraten war: »Mir ist ein Euro runtergefallen und als ich ihn aufheben wollte, bin ich plötzlich am heißen Teer festgeklebt. Ganz schön unangenehm. Und dann muss man sich auch noch von Autofahrern als Öko-Hippie beschimpfen lassen. Zwischendurch hat mich sogar *Welt*-Chefredakteur Ulf Poschardt gefilmt. Keine Ahnung, warum.«

Erst nach rund zwanzig Minuten gelang es den Beamten schließlich, die hilflosen Passanten mithilfe eines Pfannenwenders vorsichtig abzulösen. »Es wurde auch höchste Zeit«, so der Polizeisprecher. »Bei einigen waren die Handflächen schon ganz kross.«

Damit sich derartige Vorfälle bei Hitze nicht häufen, erwägt die Stadt Berlin nun, an Fußgängerüberwegen Hinweisschilder anzubringen oder die Fahrbahn an gefährdeten Stellen vorsorglich mit Butter oder Bratenfett einzureiben.

Sah Lamy: Hartwurst erblickt Füller

Olympisches Wasserspringen:

Favorit gewinnt mit perfekter Arschbombe

Tokio (dpo) – Was für eine beeindruckende Leistung! Die Vorrunde des olympischen Wasserspringens der Herren konnte heute der chinesische Athlet Zongyuan Wang klar für sich entscheiden. Der 19-Jährige, der bereits im Synchronspringen Gold für sein Land holte, überzeugte die Punktrichter mit einer absolut perfekten Arschbombe vom Dreimeterbrett.

»Im Gegensatz zum zweieinhalbfachen Rückwärtssalto oder dem dreieinhalbfachen Vorwärtssalto mit Seitschraube ist die Arschbombe eine bei olympischen Spielen nur äußerst selten aufgeführte Figur«, erklärt Postillon-Olympiaexpertin Annalena Neubinger. »Nur wenige trainieren sie und noch weniger beherrschen sie.«

Entsprechend groß war die Spannung, als Wang zum Sprung ansetzte – und der Chinese enttäuschte nicht. Nach einhelliger Expertenmeinung stimmte bei der Ausführung einfach alles: Der Absprung mit der laut gerufenen Ankündigung »Aaarschbombeee!«, der perfekt symmetrische Flug, bei dem bereits die Vorfreude im Gesicht des Springers erkennbar ist, bis hin zum wichtigsten Element einer Profi-Arschbombe, dem Abschluss.

»Vor allem das Eintauchen war fehlerfrei«, so ein komplett durchnässter Punktrichter begeistert. »Maximale Aufklatschfläche, sattes Platschgeräusch, enorme Spritzreichweite. Niemand blieb trocken. Sehr beeindruckend.«

Das verdiente Resultat: 531,30 Punkte und ein souveräner Vorrundensieg für Wang.

Experten sind nun gespannt, wie der Chinese diese Leistung im Halbfinale und Finale übertreffen will.

In Spiritus sank die: Ketzerin in Ethanoltank ertrunken

RATGEBER

12 clevere Ausreden, wenn Sie keinen Bock mehr haben, Gas zu liefern

Wer kennt das nicht: Da kommt man einmal seinen vertraglichen Obligationen nicht nach und schon wird man ständig gefragt, ob man nicht endlich doch etwas Gas liefern will. Nervig! Hier sind zwölf clevere Ausreden, mit denen Sie elegant aus der Sache rauskommen, wenn Sie wirklich gar keinen Bock mehr haben, Gas zu liefern:

»Mein Hund hat die Pipeline gefressen.«

Was bei Hausaufgaben klappt, kann bei Gas nicht verkehrt sein.

»Uns fehlt eine wichtige Turbine und wenn ihr sie uns liefern wollt, nehmen wir sie nicht an.«

Hierbei handelt es sich um klassisches Gaslighting (bzw. in diesem Fall Gas-Gaslighting), um ihr Gegenüber zu verwirren.

»Mein Glaube verbietet es mir, Gase durch Rohre zu bewegen.«

Mit Religion lässt sich praktisch alles begründen.

»Die Sanktionen haben ein Leck in die Pumpstation gerissen.«

Können Sanktionen so was? Na ja, egal!

»Unser Zöglfrex knabaldert nur noch mit 1,8 Röbelhertz pro Kumite. Würden wir liefern, gäbe das eine riesige Schlabbawuppe!«

Gutes altes Fachchinesisch.

»Wir nehmen Bezahlung ab sofort nur noch in Marsianischen Kupfergulden an. Andernfalls drehen wir ab.«

Haha. Die werden doof gucken, wenn sie auf dem Devisenmarkt nachschauen.

»Das Gas muss durch die andere Röhre!«

Falls Ihr Gegenüber das wirklich glaubt, können Sie später die andere Röhre ja immer noch schließen.

»Meine Großmutter wurde von einer wilden Pipeline getötet. Seitdem will ich mit den Dingern nichts mehr zu tun haben.«

Persönliche Traumata sind kaum angreifbar.

»Die USA sind schuld!«

Irak. Guantanamo. Afghanistan. Noch Fragen?

»Wir brauchen das Gas selbst, um es in der Nähe von Sankt Petersburg abzufackeln.«

Das leuchtet so hübsch im Dunkeln.

»Meine Eltern erlauben es nicht.«

Damit sind Sie fein raus.

»Gas? Was ist Gas? Ich habe noch nie Gas gesehen.«

Was unsichtbar ist, war auch nie da.

Tipp: Um besonders glaubwürdig zu klingen, versuchen Sie, so viele dieser Ausreden wie möglich gleichzeitig zu verwenden.

Niedere Motive: Geldgieriger Paparazzo spezialisiert sich auf Promi-Kinder

Patient wird aus Narkose wieder aufgeweckt, weil er nicht von 10 abwärts zu Ende gezählt hat

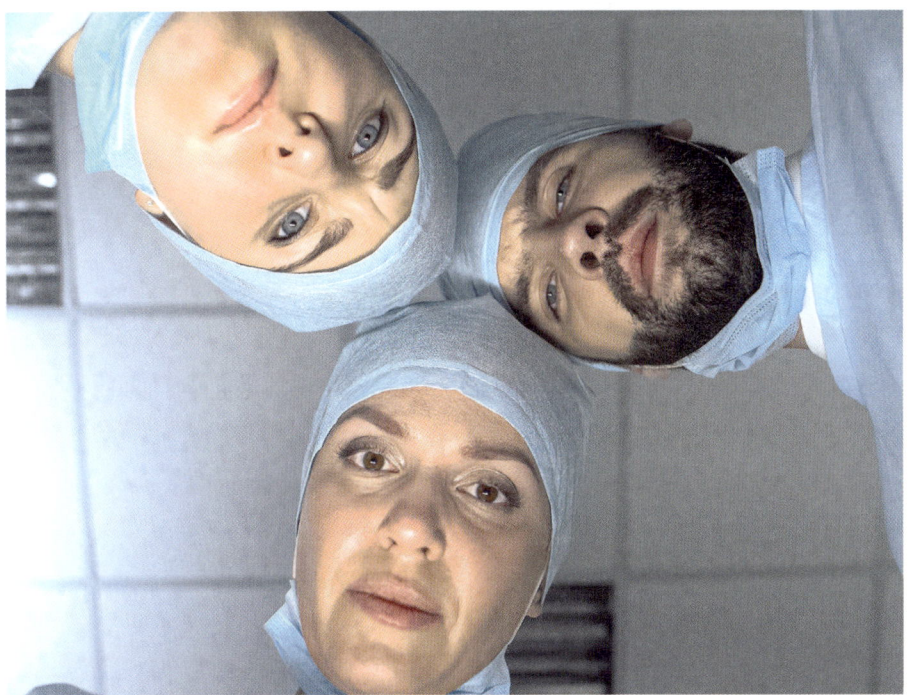

Düsseldorf (dpo) – So geht's ja wohl nicht! Weil er nicht wie angewiesen von 10 abwärts bis 0 zählte, ist ein Mann an der Uniklinik Düsseldorf heute vom anwesenden Ärzteteam mehrfach wieder aus der Narkose geweckt worden. Seine Operation verschob sich dadurch um fast eine Stunde.

»Hee, Sie!!! Aufwachen!!! Aufwachen!!!«, ruft Anästhesistin Rebekka Wagner, während sie dem frisch narkotisierten Patienten mit der flachen Hand links und rechts auf die Wangen klatscht. »Pfleger, machen Sie mal dem Herrn einen Kaffee. Extra stark!«

Benommen kommt der Patient zu sich. »Wasislos? Hm? Ist die OP schon vorbei? Wie lang war ich …«

Die Anästhesistin schneidet ihm das Wort ab. »Nix da! Gar nicht operiert haben wir. Warum sollten wir, wenn Sie hier nicht mitmachen? Ich habe Sie nach Verabreichung der Narkose klar und deutlich aufgefordert, rückwärts von 10 runterzuzählen. Und was machen Sie? Schon bei 7 haben Sie schlappgemacht und pennen hier einfach weg! Also wir machen das jetzt noch einmal und diesmal will ich das sauber von 10 bis 0 hören.«

Sie murmelt kopfschüttelnd: »Also so was hab ich ja noch nicht erlebt.«

Der sichtlich verschreckte Patient erhält eine neue Narkosespritze. »10, 9, ojeoje, 8, 7, ogott, meine Augenlider, 6, … äh, ich schlaf nicht! 5, was kommt als n … chrrrrr.«

Die Anästhesistin rollt genervt mit den Augen. »Holt mir mal wer einen Eimer kaltes Wasser? Wie lange haben wir den OP-Raum? Das kann heute mal wieder ein bisschen länger dauern.«

Objektiv betrachtet: Fachzeitschrift prüft neue Kamera

Der Postillon

RATGEBER

9 vermeidbare Fehler, die fast jeder beim Immobilienkauf macht

Auch in Jahren der Krise gelten Immobilien in Deutschland als sichere Wertanlage. Doch wie geht man beim Haus- oder Wohnungskauf am besten vor, um am Ende nicht die Katze im Sack zu kaufen? Der Postillon hat den Rat von Maklern, Spekulanten und Häuslebauern eingeholt. Hier sind neun vermeidbare Fehler, die fast jeder beim Immobilienkauf macht:

1. Den Kiefer nicht lockern

Anfängerfehler Nr. 1! Wer seinen Kiefer nicht vorher gelockert hat, riskiert Krämpfe oder gerissene Backensehnen. Vor jedem Hauskauf also mindestens 20-mal den Kiefer im Uhrzeigersinn kreisen lassen. Danach: Richtungswechsel!

2. Nur 4 Euro und 87 Cent haben

Verstehen Sie uns nicht falsch: 4 Euro und 87 Cent sind eine Menge Geld. Dennoch reichen sie in den meisten Fällen nicht aus, um sich davon eine Immobilie zu kaufen.

3. Ein Haus kaufen, das lichterloh in Flammen steht

»Hatschepsut!«: Niesgeräusch aus ägyptischer Grabkammer vernommen

Lichterloh brennende Immobilien sind oft verlockend, da sie vergleichsweise günstig zu haben sind. Zu günstig! Oft haben solche brennenden Häuser versteckte Mängel wie zum Beispiel Maulwürfe im Garten oder ungewöhnlich schmale Türrahmen. Warum sonst wären sie so preiswert zu haben?

4. Der Maklerin keinen Bund Schnittlauch mitbringen

Jeder Makler und jede Maklerin muss einen Bund Schnittlauch bekommen. So will es die Tradition. Andernfalls besteht die Gefahr, dass sie im Zorn das gesamte Wunschobjekt mit Vaseline einreibt und so vollkommen unbewohnbar macht.

5. Ein Haus kaufen, das an der Seite einer Steilklippe steht

Sie wundern sich, warum ein Haus dieser Größe so günstig ist? Eine Erklärung könnte sein, dass der Bauherr Grundstückskosten gespart hat, indem er die Immobilie um 90 Grad gedreht an eine Steilklippe gebaut hat.

6. Bei jedem Angebot des Verkäufers sagen »So billig? Ich zahle das Doppelte!!!«

Ein- oder zweimal können Sie das machen. Aber wenn Sie jedes neue Angebot des Verkäufers abschlagen und sagen, Sie zahlen das Doppelte, treiben Sie den Preis in Richtung unendlich und der Kauf findet nie statt.

7. Ein Haus kaufen, dessen rechtmäßige Eigentümer nur im Urlaub sind

Klären Sie unbedingt, ob Ihr Makler wirklich notariell befugt ist, Ihnen Ihre Wunschimmobilie zu verkaufen. Es ist wirklich peinlich, wenn sich nach Kauf und feierlichem Einzug herausstellt, dass die eigentlichen Besitzer nur im Urlaub waren. Zumindest erklärt das, warum der Makler keine Schuhe trug und sich für die Besichtigung mit einem Stein Zutritt durchs Fenster verschaffte.

8. Vorher tatsächliche Größenverhältnisse des Hauses nicht prüfen

Nie ein Haus kaufen, nur weil es Ihnen auf dem Foto gefällt! Sonst könnte es bei der Übergabe zu einer bösen Überraschung kommen.

9. Im Jahr 2022 kaufen und nicht 1982

Hierbei handelt es sich um einen typischen Anfängerfehler. Erfahrene Immobilienkäufer kaufen ihre Häuser nicht jetzt, sondern bevorzugt in den Achtzigerjahren des 20. Jahrhunderts und sehen dann gemütlich zu, wie der Wert immer weiter steigt.

Strohmann-Bieter: e.on lässt sich bei Versteigerung des Leitungsnetzes vertreten

Kinder in Bayern, Sachsen und Schwaben in Angst:
CDU fordert Deutschpflicht auf dem Schulhof

München, Dresden, Stuttgart (dpo) – Eine politische Forderung der Christdemokraten sorgt bei Kindern in weiten Teilen Deutschlands, darunter insbesondere Bayern, Baden-Württemberg, Sachsen und Hessen, für Angst und Schrecken. CDU-Generalsekretär Mario Czaja hatte am Mittwoch gefordert, eine Deutschpflicht auf Schulhöfen einzuführen.

»Jo mei! I koann des doch üabahaupst goa neda!«, ärgert sich etwa Drittklässler Leon Oberlechner aus dem oberbayerischen Traunstein. »Wenni jetz af oamol Deitsch reda missert, wari verloarn.«

Wie ihm geht es zahlreichen Schülern aus Bundesländern wie Baden-Württemberg, Sachsen oder Hessen, in denen Deutsch insbesondere in ländlichen Gegenden nach wie vor Fremdsprache ist. »Diese bleda Seggl vo der CDU! Des isch do oifach brunzdumm«, empört sich Elternsprecherin Tanja Lohnert aus Biberach. »Wie sollat unsre Kindr des schaffa? Mir werda dagega Brodeschd einlega.«

Sehr große Verunsicherung herrscht bei den Schülern auch darüber, wie die Deutschpflicht in der Praxis auf den Schulhöfen durchgesetzt werden soll. »Kummd dann bletzli su a Aansachzichkind mid anner diefen Stimma aafn Schullhof und froochd dann su anderkawermäßich rum, dass fei ah ja jeder Deidsch redd?«, fragt eine Schülerin aus dem Nürnberger Umland besorgt. »Do kommer doch ball kam mehr draua! Do werdmer doch baranoid!«

Viertklässler Maik-Ronny Cindy aus Sachsen beklagte gar: »Eyoh nee bübsch bandü lömooo. Räbü läääää? Schoschelü! Böbö rädööö. Ei verbibbsch!«

Noch ist nicht klar, wie und ob die CDU die Deutschpflicht auf Schulhöfen durchsetzen wird. Mehrere Union-Landesverbände im Süden und Osten sowie die CSU meldeten aber inzwischen ernste Bedenken an.

Belohnung fürs Möbeltragen: Mann durfte Nachbarin beim Ausziehen helfen

Neuer krasser TikTok-Filter zeigt User genau so, wie sie aussehen

Ein neuer Filter sorgt derzeit auf TikTok für Furore. »100 % Natural« soll User genau so zeigen, wie sie in Wirklichkeit aussehen. Inzwischen gibt es Hunderte Videos, in denen sich Menschen dabei filmen, wie sie den Filter ausprobieren.

»Hahaha! Schaut euch das mal an!«, freut sich etwa TikTok-Nutzerin Chrisy03. »Wie mein Gesicht halt einfach wirklich völlig unverändert ist. Ich seh damit echt aus wie ein richtiger Mensch außerhalb von TikTok. Ich hätte niemals im Leben gedacht, dass so was technisch überhaupt möglich ist.«

Besonders beeindruckt die meisten, dass »100 % Natural« weder die Lippen voller erscheinen lässt, noch Pickel oder Hautunreinheiten verbirgt. Der Filter trägt auch kein virtuelles Make-up auf und verändert weder Nase noch Gesichtsform. Auch die Augenbrauen werden nicht an aktuelle Augenbrauen-Trends angepasst.

Einige Nutzer wie Postillon-TikToker Sascha sind sichtlich überfordert:

@der_postillon Der 💯 % Natural Filter ist einfach zu heftig! #postillon #postillion #foryou #foryoupage #fyp #filter #soseheichaus #wtf 🎵 Originalton – Der Postillon

Die Technik hinter »100 % Natural« ist äußerst komplex: Die App filmt den Nutzer zunächst mithilfe der Smartphone-Kamera ab. Eine von künstlicher Intelligenz unterstützte Software achtet dann darauf, dass exakt nichts am Aussehen verändert wird. Das daraus resultierende Bild erscheint ohne Verzögerung auf dem Display und bewegt sich in Echtzeit mit dem User. Man spricht auch von einem UR-Beauty-Filter (Unaugmented Reality).

Psychologen warnen allerdings vor den Langzeiteffekten von UR-Beauty-Filtern. Sie fürchten, dass Menschen durch Verwendung des »100 % Natural«-Filters auf Dauer ein realistisches Selbstbild bekommen könnten und dadurch weniger häufig in Therapie gehen müssten.

Kriegt sein Fett weg: Sumoringer nach Magenverkleinerung chancenlos

Verdammt! Gasspeicher inzwischen so gut gefüllt, dass die ersten davonfliegen

Berlin (dpo) – Die Gasspeicherstände in Deutschland erreichen täglich neue Rekordhöhen. Bereits jetzt wurden die von der Regierung anvisierten 95 Prozent Füllstand erreicht. Doch die Freude über diese Leistung währte nicht lange – denn immer mehr Gasspeicher sind inzwischen so voll, dass sie davonfliegen.

»Ja, also das ist jetzt natürlich etwas ungünstig«, räumte Wirtschaftsminister Robert Habeck in der Tagesschau ein, nachdem bereits der Verlust von 62 Gasspeichern auf dem gesamten Bundesgebiet vermeldet wurde. »Bislang hat man die Dinger noch nie so vollgemacht, deshalb waren wir auf so eine Situation nicht vorbereitet.«

Im Nachhinein sei man selbstverständlich klüger, so der Minister. »Die Betreiber hätten die Gasspeicher wohl ordentlich vertäuen oder mit Sandsäcken beschweren sollen«, erklärte Habeck. »Das wird auch gerade bei allen Gasspeichern nachgeholt, die sich noch am Boden befinden.«

Da der Wind in Deutschland heute weitgehend aus Nordosten kommt, fliegen die Gasspeicher nach derzeitigem Stand in Richtung Schweiz und Frankreich.

Das Wirtschaftsministerium steht laut Habeck in engem Kontakt mit dem Verteidigungsministerium. Derzeit setzt man darauf, die Gasspeicher mithilfe von Bundeswehrhelikoptern, die mit Harpunen und Fangnetzen ausgestattet wurden, wieder einfangen zu können.

Big-Ami: Fettleibiger US-Bürger ist mit mehreren Frauen verheiratet

Vorbild Waldkindergarten:
Erstes Waldaltersheim eröffnet

Potsdam (dpo) – Was für Kinder gut ist, kann auch für Senioren nur hilfreich sein: Bei Potsdam hat in dieser Woche mit der »Forstresidenz Finstere Fichte« das erste Waldseniorenheim seine Bauwagentür geöffnet. Angelehnt an das Konzept des Waldkindergartens verbringen Bewohner ihre Zeit hier direkt in der Natur.

»Gerade im Alter ziehen sich viele Menschen mit der Zeit oft völlig nach drinnen zurück und sitzen nur vor dem Fernseher«, erklärt Heimleiterin Luisa Happe. »Dem wollen wir hier gezielt entgegenwirken. Statt Glotze und Bingo gibt es hier Kastaniensammeln und Holzhacken.«

Mit dem neuartigen Konzept der Altenpflege hat die »Forstresidenz« offenbar einen Hit gelandet: Alle der zunächst 25 Plätze sind bereits zum Start voll besetzt. »Nur einer, der Helmut, ist nach drei Tagen Regen wieder abgereist. Der hatte aber auch keine Jacke mitgebracht«, so Happe. »Dabei sagen wir den Angehörigen immer ausdrücklich, dass wetterfeste Kleidung, Gummistiefel und ein Klappspaten für den Toilettengang unabdingbar sind.«

Eine Seniorin mit zerzaustem Haar und einer Axt in der Hand kommt auf Luisa Happe zu. Die Heimleiterin schaut sie erstaunt an. »Hannelore? Schon fertig mit dem Brennholz? Oh weh, ich sehe da hinten noch einen ganzen Haufen Scheite. Bis die nicht gehackt sind gibt's keinen Kaffee und Kuchen. Na los!«

Sie blickt der 84-Jährigen zufrieden hinterher. »Als die zu uns kam, hat die höchstens mal eine Stricknadel hochgehoben. Nächste Woche wird sie mit Wolfgang und Günther anfangen, den Carport für die Pfleger zu bauen.«

Bei so viel Zuspruch könnten Waldaltersheime tatsächlich zum nächsten großen Trend in der Seniorenbetreuung werden. Kritiker gibt es derzeit jedenfalls nur vereinzelt. Sie fürchten etwa, dass es Wölfe anlocken könnte, wenn sich zu viele Großmütter gleichzeitig im Wald aufhalten.

Auf diese acht Sonderrechte muss Altkanzler Schröder jetzt verzichten

Wegen seiner Kreml-Nähe steht er seit Jahren in der Kritik, mit dem Ukraine-Krieg erreichte diese eine neue Dimension. Jetzt hat der Bundestag Altkanzler Gerhard Schröder zahlreiche Privilegien gestrichen. Der Postillon dokumentiert, welche Sonderrechte er verliert:

1. Entzug des Ehrentitels »Gas-Gerd«

Ehemalige Bundeskanzler haben seit Beginn der BRD das Recht, sich mit dem Ehrentitel »Gas-Gerd« zu schmücken. So auch Schröder, der von diesem Titel regen Gebrauch machte. Das ist jetzt vorbei. Als einzige lebende Altkanzlerin darf nur Angela Merkel noch als Gas-Gerd tituliert werden.

2. Flasche-Bier-Hol-Assistent wird nicht mehr vom Staat bezahlt

Experten vermuten, dass der Entzug seines persönlichen Flasche-Bier-Hol-Assistenten Gerhard Schröder hart treffen wird und im Extremfall sogar einen Streik des Altkanzlers nach sich ziehen könnte.

Für 'n »Apple« und 'n »i«: Markenrechte kosteten Steve Jobs damals nur $ 20

3. Personenschützer bleiben, strengen sich aber nicht mehr so richtig an

Ganz ohne Sicherheit durch speziell ausgebildete Personenschützer wollte die Politik den früheren Kanzler nicht lassen. Doch auf Geheiß Berlins sollen sich die vom Staat gestellten Bodyguards künftig nicht mehr so richtig anstrengen und Schröder bei Gefahr nur noch halbherzig verteidigen (zum Beispiel einhändig, ohne richtig hinzuschauen, Spritzpistole statt echter Waffe).

4. Unterhaltszahlungen an seine 42 Exfrauen entfallen

Alle Unterhaltsansprüche der zahlreichen Ex-Gattinnen Schröders übernahm bisher die Staatskasse – damit ist nun Schluss. Künftig muss der Altkanzler die Schätzungen zufolge siebenstellige Summe pro Monat selbst stemmen.

5. Zöglfrex-Bereitschaft nicht mehr nutzbar

Üblicherweise hat jeder Altkanzler das Anrecht, sich jederzeit per Zöglfrex mit über 800 Kilokrobanten in der Rölle von A nach B warbadeln zu lassen. Künftig wird Schröder wohl vermehrt zu Fuß gehen müssen.

6. Bundestags-Plenarsaal darf nicht mehr für Privatfeiern angemietet werden

Jeder kennt die rauschenden Feste im Plenarsaal des Bundestages, zu denen Gerhard Schröder mindestens einmal im Quartal einlädt. Auch sie: ersatzlos gestrichen!

7. Er darf sein Haar nicht mehr auf Steuerzahlerkosten färben

Glücklicherweise dürfte dies dem Altkanzler herzlich egal sein, da sein Haar von Natur aus nussbraun war, ist und immer sein wird.

8. Keine Pyramide nach seinem Tod

Anders als seine Amtsvorgänger wird Gerhard Schröder nach seinem Tod seine letzte Ruhestätte nicht von Gold und Geschmeide umgeben in einer opulenten, vom Bund bezahlten Pyramide finden. Auch auf einen prunkvollen Sarkophag muss Schröder verzichten – fortan wird nur noch ein einfacher Sarg aus Eichenholz vom Steuerzahler gestellt.

Fazit: Wow! Das sind harte Maßnahmen. Werden sie Schröder zur Raison bringen oder zahlen Gazprom und Rosneft noch besser? Die Zukunft wird es zeigen.

Fetisch: Hesse schmiert sich mit Butter ein

»Ruhige Saison« – Landwirt findet dieses Jahr bei Ernte nur sieben Leichen im Maislabyrinth

Neustadt an der Aisch (dpo) – So wenige waren es schon lange nicht mehr: Beim Abernten seines Maislabyrinths hat Landwirt Walter Schmidt aus Neustadt an der Aisch bislang lediglich sieben Leichen von verirrten Labyrinthbesuchern entdeckt. Damit darf 2022 als ein besonders ruhiges Jahr gelten.

»Nur sieben? Das geht ja noch«, stellt der 48-Jährige zufrieden fest, während er nach der Ernte die Leichen auf seinen Anhänger wuchtet. »Sonst sind es viel mehr, die den Ausgang nicht gefunden haben und verdurstet sind. Teils ganze Familien. Aber dieses Jahr hält es sich echt in Grenzen.«

Schmidt vermutet, dass die hohen Temperaturen in diesem Sommer dazu geführt haben, dass insgesamt weniger Besucher einen Ausflug ins Maislabyrinth unternommen haben als in anderen Jahren. »Bei der Hitze hatten wohl nicht so viele Leute Lust darauf, im Mais herumzuirren. Außerdem habe ich wegen der Dürre auch früher geerntet als sonst.«

Experten schätzen, dass in Deutschland jährlich etwa 80 000 Menschen nicht mehr aus Maislabyrinthen herausfinden und dort kläglich verenden. Befürworter halten dagegen, dass Maislabyrinthe viel Spaß machen und die überwiegende Mehrheit den Ausgang wiederfindet und überlebt.

Das Rote Kreuz rät, bei Ausflügen ins Maislabyrinth immer ausreichend Trinkwasser, Signalpistolen sowie eine Popcorn-Maschine mitzunehmen. Auch können ein am Eingang befestigter Bindfaden oder in regelmäßigen Abständen gestreute Steine helfen, den Weg nach draußen wiederzufinden.

Von Brotkrumen raten Experten ab – sie werden in der Regel schnell von Raben oder Feldmäusen gefressen.

Schmidt rollt den letzten der sieben Toten auf seinen Anhänger. »So! Ich bring die jetzt erst mal zum Friedhof und danach fahr ich die Ernte heim.«

Will sich nicht für Karriere verbiegen müssen: Schlangenmensch kündigt

Entwarnung! Klimawandel doch harmlos!
Dieser Mann hat sich gerade daran erinnert, dass es auch in seiner Jugend mal heiß im Sommer war

Regensburg (dpo) – Entwarnung für das Weltklima! Thorsten Kohnmüller aus Regensburg hat sich soeben daran erinnert, dass es in seiner Jugend im Sommer auch mal sehr warm war, und damit die Forschung Tausender Klimaforscher weltweit eindrucksvoll widerlegt.

»Diese ganze Hysterie um globale Erwärmung ist doch völlig lächerlich! Als ich 13 war, hatte es im Sommer auch schon 36 Grad«, erklärte Kohnmüller am Mittwoch und demontierte so die jahrzehntelang als erwiesen geltende zentrale These der weltweiten Klimaforschung. »An dem Tag hatten alle hitzefrei und ich war bis in die Abendstunden im Freibad. Das weiß ich noch ganz genau. Und was sagt Greta Thunberg jetzt??«

Dass die sechs heißesten Jahre seit Beginn der Wetteraufzeichnungen in absteigender Reihenfolge die Jahre 2020, 2016, 2019, 2015, 2017 und 2018 waren, hält er für eine Erfindung. »Nee, ich bin mir ganz sicher, dass das 1978 gewesen sein muss. Oder 1979. Also ich hab jedenfalls echt richtig geschwitzt damals.«

Tatsächlich sei es damals sogar so heiß gewesen, dass er sich einmal auf dem Parkplatz vor dem Baggersee fast die Fußsohlen auf dem Asphalt verbrannt habe, so Kohnmüller. »Das sollen mir mal die feinen Damen und Herren Klimaforscher erklären, wie das sein konnte. Klimawandel? Von wegen! Schach und Matt.«

Für Politik und Wirtschaft ist Kohnmüllers bahnbrechende Erkenntnis ein Segen: Aufwendige Umweltschutzmaßnahmen können weltweit eingestellt werden, Klimakonferenzen müssen nicht mehr stattfinden, Benzin dürfte bald nur noch 50 Cent pro Liter kosten.

Die Aufdeckung der Klima-Lüge ist nicht der erste Geniestreich des Regensburgers. Erst neulich konnte er die angebliche Gefährlichkeit des Tabakkonsums ein für allemal widerlegen, weil er jemanden kannte, der Raucher war und trotzdem relativ alt wurde.

AfD Niedersachsen dankt Friedrich Merz für den überzeugenden Wahlkampf

Hannover (dpo) – Die Partei steht tief in seiner Schuld: Die AfD Niedersachsen hat heute Friedrich Merz für seinen überzeugenden Wahlkampf im Vorfeld der niedersächsischen Landtagswahl gedankt. Der CDU-Chef hatte zuletzt angeblichen »Sozialtourismus« durch ukrainische Flüchtlinge beklagt.

»Ja, also wir wollen uns noch mal ganz herzlich beim CDU-Vorsitzenden Friedrich Merz bedanken«, erklärte AfD-Landesvorsitzender Frank Rinck. »Ohne ihn wäre unser Ergebnis von 10,9 Prozent nicht so ohne Weiteres möglich gewesen.«

Es habe die AfD sehr gefreut, als Merz vor drei Wochen tatsächlich Sozialtourismus bei ukrainischen Flüchtlingen zum Thema gemacht hatte. »So was aus dem Munde eines vermeintlich seriösen bürgerlichen Politikers ist für uns natürlich ein Jackpot«, so Rinck. »Ist ja klar, wen die Leute wählen, wenn man ihnen Angst vor Zuwanderung macht.«

Dass der Vorwurf von Sozialtourismus umgehend entkräftet wurde und Merz sich sogar für seine Aussagen entschuldigte, schmälere nicht seine Leistung. »Die Leute haben es ja trotzdem verstanden.«

Als sympathisch habe man es bei der AfD auch empfunden, dass Merz' Aussagen über ukrainische Flüchtlinge wohl auf russische Telegram-Propaganda zurückzuführen waren. »Klasse! Da kriegen wir unsere Infos auch immer her«, freut sich Rinck.

Die AfD hofft auch in Zukunft auf gute Zusammenarbeit mit dem CDU-Chef.

Setzen noch einen drauf: Bremer Stadtmusikanten erweitern Ensemble

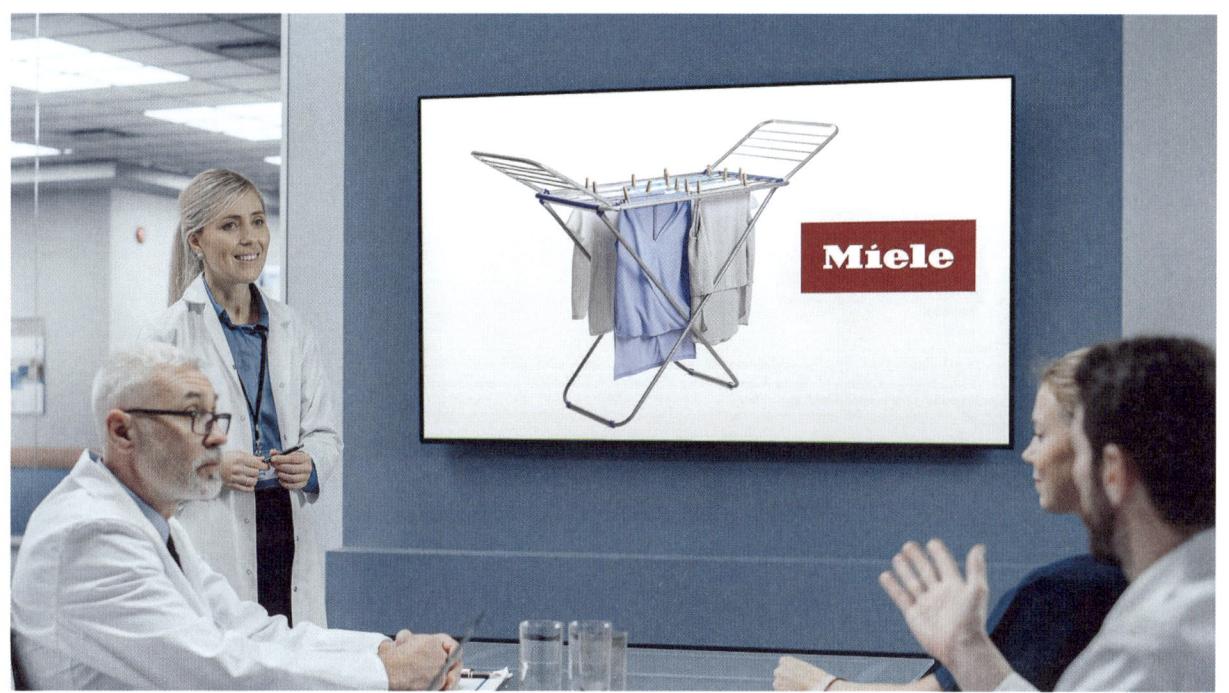

Miele entwickelt ersten komplett CO$_2$-neutralen Wäschetrockner

Gerlingen (dpo) – Diese Erfindung kommt genau zur rechten Zeit: Das Unternehmen Miele hat heute einen neuen Wäschetrockner vorgestellt, der komplett CO$_2$-neutral arbeitet und keinen Strom verbraucht. Das Gerät trocknet Wäsche in einem patentierten »AirDry«-Verfahren, bei dem die Feuchtigkeit der Kleidungsstücke automatisch an die Umgebungsluft abgegeben wird.

»In Zeiten, in denen Ökologie und Energiesparen einen immer höheren Stellenwert einnehmen, ist ein neuer Typ Trockner gefragt«, so Miele-Chefentwickler Jürgen Herzig. »Der Miele Green Eco AirDryer erfüllt all diese Anforderungen mit Bravour.«

Anstatt in eine Trommel wie bei einem herkömmlichen Trockner kommt die Wäsche beim AirDryer einzeln an ein dünnes Drahtgestänge, wo sie von Klammern festgehalten wird. Anschließend beginnt automatisch ein mehrstündiger Lufttrocknungsprozess, für den keinerlei Strom erforderlich ist.

Aus diesem Grund wurde der neuartige Trockner auch als bislang einziges Haushaltsgerät mit der Energieeffizienzklasse A++++++++++++++++++++++++++++++++ ausgezeichnet.

Erhältlich ist der Miele Green Eco Air-Dryer ab sofort in jedem Elektronikfachmarkt sowie im Internet. Mit einem Preis von 499 Euro ist er zwar etwas teurer als die günstigsten vergleichbaren Wäschetrockner, doch aufgrund seiner geringen Wartungskosten und der immensen Stromeinsparung dürfte sich diese Anschaffung unterm Strich dennoch lohnen.

Mann, isch depressiv: Hauptschüler wagt bei Psychiater Selbstdiagnose

Klima-Held: Kleiner Timmy (9) klebt sich mit Zunge an Verkehrsschild

Saarbrücken (dpo) – So jung und schon so engagiert! Ein kleiner Klimaschützer hat heute in Saarbrücken für Aufsehen gesorgt, nachdem er sich mit der Zunge an ein Verkehrsschild klebte. Zahlreiche Passanten feuerten den kleinen Timmy (9) an, während er stundenlang an dem Metallpfosten verharrte.

»Nee, ich hotestiere nit«, rief der kleine Timmy mehrfach. »I ha mi hersehenlich estgeklet! Ich bin estgehroren! Hille! Hille!« Zwar konnte niemand diese undeutlich genuschelten Parolen verstehen – vermutlich prangerte der Neunjährige jedoch die verfehlten Klimaziele der Bundesregierung an.

Viele Bürger zeigten sich beeindruckt von dem mutigen Jungen und seinem Einsatz für den Klimaschutz. »Er ist erst neun Jahre alt, aber er zeigt mehr Engagement als mancher Erwachsene«, sagte ein Passant. »Ich würde mich so was ja nicht trauen.«

Nach einer Weile versammelte sich eine Menschentraube um den jungen Klimaaktivisten, aus der immer wieder Anfeuerungsrufe und Solidaritätsbekundungen zu hören waren. Als die Polizei versuchte, den Neunjährigen von dem Pfosten zu lösen, erntete sie lautstarken Protest und musste schließlich unverrichteter Dinge wieder abziehen.

Bei Veröffentlichung des Artikels befanden sich immer noch mehrere Hundert Menschen bei dem mutigen Jungen und skandierten begeistert »Tim-my! Tim-my! Tim-my! Tim-my!«. Nun ist es an der Bundesregierung zu zeigen, dass sie die Sorgen von jungen Menschen wie dem kleinen Timmy (9) ernst nimmt.

Konnte sich daran nicht sattsehen: Museumsbesucher verhungert vor Stillleben

»Respekt, wer's selber macht« – Erotikversand übernimmt Werbeslogan von Baumarktkette toom

Bielefeld (dpo) – Lange Zeit stand der Werbeslogan »Respekt, wer's selber macht« für die Baumarktkette toom. Doch das soll sich jetzt ändern: Nach längeren Verhandlungen mit toom ist es dem Erotikartikel-Versandshop eis.de gelungen, den einprägsamen Satz gegen eine sechsstellige Summe zu übernehmen.

»Unser alter Slogan ›Entdecke deine Sinnlichkeit‹ ist zwar schön, aber wir haben schon länger nach etwas gesucht, das Bezug auf die Handarbeit nimmt, die so viele unserer Kundinnen und Kunden mit Begeisterung praktizieren«, so eine Sprecherin der EIS GmbH.

Bevor der Erotikversand mit toom einig wurde, erwägte man auch die Übernahme von »Ya ya yippie yippie yay!« (Hornbach), »Wenn's gut werden muss« (Bauhaus) oder »Mach dein Ding!« (Hagebaumarkt).

Für den Endverbraucher dürfte der Wechsel keine große Umstellung bedeuten. »Der Slogan warb vorher für den leidenschaftlichen Gebrauch von Werkzeug und Elektrogeräten und er tut es immer noch.«

Bei toom zeigt man Verständnis, wie Marketingleiter Felix Seckendorff erklärt: »Wir haben erst gedacht: Unseren Werbeslogan abgeben? Wieso sollten wir? Aber nach einiger Überlegung fanden wir selbst, dass er besser zu EIS passt als zu uns.«

Die Baumarktkette hat sogar bereits einen neuen Slogan: »Wir hobeln so lange, bis wir nicht mehr können.«

Raffiniert: ALDI-Nord verkauft Südzucker

Der Postillon

RATGEBER

9 Fehler, die fast jeder beim Pilzesammeln macht

Es gibt sie endlich wieder in allen Größen und Formen: Pilze! Doch wer sich jetzt zur Pilzsaison in den Wald wagt, um die schmackhaften Gewächse zu ernten, sollte einige wichtige Punkte beachten – sonst drohen schwere Verletzungen oder gar der frühe Tod. Was auch immer Sie da draußen tun, diese neun häufigen Fehler sollten Sie auf keinen Fall begehen:

1. Vergessen, den Kiefer zu lockern

Anfängerfehler Nr. 1! Wer seinen Kiefer nicht vorher gelockert hat, riskiert Krämpfe oder gerissene Backensehnen. Vor jedem Pilzsammeln also mindestens 20-mal den Kiefer im Uhrzeigersinn kreisen lassen. Danach: Richtungswechsel!

2. Den Waldgöttern keine Gaben darreichen

Egal, ob Nahrungsmittel, Gold oder elektronische Kleingeräte: Die Götter des Waldes erwarten Tribut von jedem, der ihr Reich betritt. Wer diese Gaben versäumt, muss sich darauf einstellen, beim Pilzsammeln von schweren Flüchen aller Art (zum Beispiel Warzen, Haarausfall, Diarrhoe) getroffen zu werden, die meist ein Leben lang den Alltag erschweren.

3. Die Wurzel des Pilzes im Boden lassen

Anfänger schneiden den Pilz ab und lassen die Wurzel im Boden. Dabei ist die Wurzel der einzig wirklich schmackhafte und vitaminhaltige Teil des Pilzes. Führen Sie also stets Spaten und Schaufel mit sich und heben Sie die bis zu

---

An Gina, Peg, Doris,...: Kardiologe verschickt Atteste per Post

zwei Meter tief gelegenen Pilzwurzeln aus. Stiel und Hut hingegen können Sie getrost ins Unterholz werfen.

4. Angelausrüstung mitbringen

Viele Leute nehmen ihre komplette Angelausrüstung zum Pilzesammeln mit. Diese ist jedoch nicht nur unnötig teuer, sondern beim Pilzesammeln auch weitgehend nutzlos und damit unnötiger Ballast.

5. Anderen Pilzsammlern den Pilzsammlergruß verwehren

Wenn Ihnen ein anderer Pilzsammler begegnet und »Pilzli Heil!« ruft, verlangt es die Pilzsammlerehre, dass Sie ebenfalls »Pilzli Heil!« rufen. Anschließend müssen Sie sich an den Händen fassen, gemeinsam ins Unterholz fallen lassen und exakt dreimal durchs Laub rollen. Pilzsammler, die diesen Gruß verwehren, riskieren, plötzlich ein Pilzmesser im Rücken stecken zu haben.

6. An zufällig entdecktem Lebkuchenhaus knabbern

Jeder Sammler kennt sie: zufällig beim Pilzesuchen entdeckte Lebkuchenhäuser. Auch wenn sie lecker aussehen, sollte man nicht an ihnen knabbern. Akute Hexengefahr!

7. Nicht genau wissen, welche Pilze man bereits zu Hause hat

Es gibt nichts Frustrierenderes, als nach einem Tag im Wald nach Hause zu kommen und festzustellen, dass man wieder welche doppelt hat.

8. Diesen einen Pilz sammeln, der ultragiftig ist, aber genauso aussieht wie der eine andere, der total lecker ist

Leider haben wir kein Foto von diesem Pilz oder dem anderen. Trotzdem: Auf keinen Fall machen! Alle anderen Pilze sind unbedenklich und können in rauen Mengen verspeist werden.

9. In den Wald statt in den Supermarkt gehen

Ja, es gibt auch im Wald gelegentlich Pilze. Diese sind aber oft giftig oder von Füchsen und Rehen angepinkelt. Gehen Sie lieber in den nächsten Supermarkt ans Pilzregal. Dort werden Sie sicher fündig und können so viele Pilze sammeln, wie Sie brauchen!

»Muss sieden, muss sieden …«: Chemiker singt bei Experiment Volkslied

Typ, der gerade verhindert hat, dass Arme 50 Euro mehr bekommen, absolviert PR-Termin bei Münchner Tafel

München (dpo) – Er ist einfach ein großherziger Mensch: Der Typ, der zuletzt mit seiner Fraktion verhindert hat, dass Arme künftig 50 Euro mehr pro Monat bekommen, hat gestern einen PR-Termin bei der Münchner Tafel absolviert, wo er armen Menschen Essen in die Hand drückte.

»Da, schauen's her, ich geb Ihnen ein paar Gurken«, so der CSU-Politiker, dessen Landesregierung unter seiner Führung verhinderte, dass Menschen ohne Einkommen angesichts von Inflation und Wirtschaftskrise künftig ein kleines bisschen besser über die Runden kommen, großzügig. »Aber gerne doch! Nix zu danken! Vergelt's Gott!«

Der Mann, der die bereits mehrfach widerlegte Behauptung aufstellte, dass bei Einführung eines Bürgergelds arbeitende Menschen weniger Geld zur Verfügung haben könnten als Arbeitslose, wendet sich leise an die anwesenden Journalisten: »Habt's ihr das gut fotografieren können, wie ich der Frau die Gurken gegeben hab, die andere Bürger gespendet haben?«

Der 55-Jährige, dem bereits 50 Euro mehr für Bedürftige zu viel waren, fügt laut hinzu: »In Zeiten, in denen viele Menschen nicht wissen, wie es mit den hohen Energie- und Lebensmittelpreisen weitergeht, leisten die Tafeln einen unverzichtbaren Beitrag. Wir sollten das als Staat besonders unterstützen.«

Der Mann, der selbst 21 102 Euro im Monat verdient und dessen Job es eigentlich ist zu verhindern, dass überhaupt jemand zu den Tafeln muss, wendet sich wieder an die Journalisten: »So, habt's ihr genug gute Fotos? Dann simmer fertig. Jetzt dürfen die Ehrenamtlichen wieder ran.«

Neue EU-Vorschrift:

Pistolen mit Schalldämpfer müssen künstliches Schussgeräusch abgeben, um Passanten zu warnen

Brüssel (dpo) – Sicherheit geht vor: Laut einer neuen EU-Verordnung sollen Pistolen oder Gewehre mit Schalldämpfer künftig ein künstliches Schussgeräusch von sich geben, um umstehende Personen oder Passanten zu warnen. Trotz harscher Kritik von Geheimagenten- und Auftragsmörderverbänden setzte sich der entsprechende Entwurf im Europaparlament durch.

Die neue sogenannte Schusswaffenschallverordnung orientiert sich an den Regelungen, die bereits für E-Autos gelten. »Schalldämpfer behindern die natürliche Warnfunktion, die ein Schuss aus einer Feuerwaffe durch den sich ausbreitenden Schall erfüllt«, heißt es in der Begründung für die Gesetzesvorlage. »Der Erhalt dieser akustischen Warnung soll mit technischen Mitteln erreicht werden.«

Deshalb sieht das Gesetz vor, dass Schusswaffen, die mit einem Schalldämpfer ausgestattet sind, künftig ein künstliches Schussgeräusch abgeben müssen, das in Lautstärke und Anmutung in etwa einem herkömmlichen Schuss gleicht.

Für das Schussgeräusch sorgen könnte etwa ein kleiner, in den Schalldämpfer integrierter oder unter dem Lauf angebrachter Lautsprecher, der synchron zu jedem schallgedämpften Schuss einen Schusssound abspielt.

Kritik an der Verordnung kommt aus der Geheimagenten- und Auftragsmörderbranche. »Die EU macht es mir damit fast unmöglich, meinem Job wie bisher nachzugehen«, klagt etwa Paolino Scutari, der in Norddeutschland für die italienische Mafia Zeugen und Überläufer aus dem Weg räumt. »Diskretion ist bei mir oberstes Gebot, da ist ein lautes Schussgeräusch katastrophal. Ich werde jetzt wohl oder übel von Schusswaffen auf Messer umsteigen müssen.«

Auch in Großstädten mit hoher Kriminalität gibt es Kritiker. »Da gibt es endlich mal eine lautlose Alternative, bei der man nicht jedes Mal nachts hochschreckt«, meint etwa Arianne Janvier aus einem Vorort von Paris. »Und dann macht die EU mit ihrer Regulierungswut wieder alles kaputt.«

Künstliche Schusssounds für schallgedämpfte Waffen sollen noch in diesem Jahr verpflichtend werden. Alte Schalldämpfer dürfen zumindest für eine Übergangszeit von 12 Monaten weiterverwendet werden, sofern der Benutzer nach jedem Schuss laut »Peng!« ruft.

Arbeitet rund um die Uhr: Kirchenrestaurateur vollkommen erschöpft

Vereinbarkeit von Beruf und Familie:
BMX-Profi hat Tochter dank Kindersitz immer dabei

Leipzig (dpo) – Sehr vorbildlich! Für eine bessere Vereinbarkeit von Beruf und Familie hat BMX-Profi Aaron Schriefers (24) kurzerhand einen Kindersitz vorne an seinem Rad angebracht. So kann er trainieren und an Turnieren teilnehmen und gleichzeitig immer seine Tochter Emma (1) betreuen.

»Auf die Idee bin ich über einen Kumpel gekommen«, erzählt Schriefers. »Der ist Lkw-Fahrer und hat irgendwann einen Kindersitz in seinen Lastwagen gestellt. Seitdem nimmt er seinen Sohnemann immer mal auf Fahrten mit. Das fand ich super und das wollte ich auch.«

Seine Tochter ist von der neuen Mitfahrgelegenheit begeistert. »Am Anfang hatte sie schon etwas Angst und hat hier und da geweint, aber inzwischen freut sie sich über jeden Backflip oder Tailwhip«, erklärt er. »In der Halfpipe schläft sie mir sogar regelmäßig ein.«

Inzwischen hat Schriefers sogar einige Tricks speziell mit seiner Tochter entwickelt. »Schauen Sie«, ruft er und beschleunigt zum Sprung über eine Rampe. In der Luft dreht er den Lenker inklusive Kindersitz zweimal um 360 Grad. Nach erfolgreicher Landung erklärt er stolz: »Ich nenne das einen Emma-Double-Barspin. Jetzt muss Emma aber mal kurz Bäuerchen machen. Diese Drehungen schlagen ihr manchmal auf den Magen.«

So gerne der 24-Jährige seine Tochter mit zur Arbeit nimmt – immer ist das nicht möglich. »Manchmal geht sie auch mit ihrer Mutter mit in den Schlachthof und schaut den Schweinen beim Ausbluten zu.«

Um Energie zu sparen:
Frau badet täglich nur noch 5 statt 30 Minuten

Karlsruhe (dpo) – Sehr vorbildlich: Um Energie zu sparen, will Svenja Ziegler aus Karlsruhe die Zeit, die sie jeden Tag in der Badewanne verbringt, ab sofort drastisch verkürzen. Damit will sie ihren Beitrag dafür leisten, dass im Winter das Gas nicht knapp wird.

»Wirtschaftsminister Habeck hat gesagt, man soll kürzer duschen. Aber Duschen ist nicht so mein Ding«, erklärt die 39-jährige Wirtschaftsprüferin. »Ich nehm lieber jeden Tag ein Vollbad. Aber deshalb kann ich ja trotzdem beim Energiesparen helfen, indem ich einfach deutlich kürzer bade.«

So habe sie früher bei jeder Badeeinheit im Schnitt eine halbe Stunde in der Wanne verbracht. »Aber damit ist jetzt Schluss. In Zukunft wasche ich mich ganz schnell und steige immer pünktlich nach fünf Minuten wieder aus der Badewanne. So verbrauche ich nur noch ein Sechstel der Energie.«

Frustrierend sei allenfalls, dass das Einlassen des Wassers länger dauert als das komplette Baden. »Aber in diesen Zeiten muss man halt Opfer bringen«, so Ziegler.

RATGEBER

11 starke Antworten,
wenn man eine ewig lange Sprachnachricht bekommt und keine Lust hat, sie anzuhören

9:55   16:32

Es gibt wohl nichts Nervigeres, als ohne Vorwarnung eine gefühlt halbstündige Sprachnachricht zu bekommen. Gut, wenn man dann eine Antwort parat hat, die elegant darüber hinwegtäuscht, dass Sie nicht die geringste Lust haben, das unsägliche Machwerk anzuhören. Hier sind elf starke Antworten:

1.
Sorry, ich kann mir die Sprachnachricht leider nicht anhören, ich fahre gerade in einen Tunnelk-chrchrchchhzzzzzzzzkr xkcchhhchch ... Tuuut tuuuut tuuuut

16:44 ✓

Jeder ist mal im Funkloch. Ihr Gegenüber sollte also keinen Verdacht schöpfen.

2.

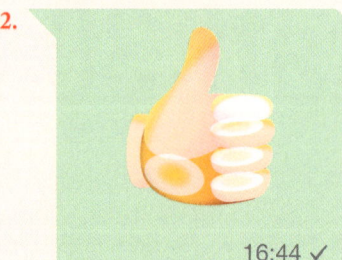

16:44 ✓

In den meisten Fällen erwartet das Gegenüber keine Antwort, sondern hofft ohnehin nur auf Zustimmung. Mit einem 👍 kann man fast nie falsch liegen. Aber Vorsicht! In Ausnahmefällen kann es passieren, dass man sein Einverständnis dafür gibt, seinem Chatpartner beim Umzug zu helfen, ihm 1000 Euro zu leihen oder gar einem Heiratsantrag zustimmt.

3.
Sorry, hab gerade nicht zugehört, kannst du das noch mal wiederholen?

16:44 ✓

Sollte daraufhin eine neue Sprachnachricht kommen, einfach so lange wiederholen, bis das Gegenüber aufgibt.

Tofufee: Fabelwesen zaubert vegane Haselnusspralinen herbei

Der Postillon

4. Guten Tag, hier schreibt die Kriminalpolizei. Wir haben dieses Smartphone bei einem Opfer gefunden, das sich scheinbar zu Tode gelangweilt hat. Könnten Sie morgen gegen 14 Uhr zu Ihrer nächstgelegenen Wache kommen?
16:44 ✓

Seinen eigenen Tod vortäuschen ist nie eine falsche Idee.

5. Mein Handy kann leider keinen Ton abspielen. Kannst du mir bitte ein Transkript deiner Sprachnachricht schicken?
16:44 ✓

Damit liegt der Ball wieder bei Ihrem Gegenüber und Sie können sich entspannt zurücklehnen und auf eine herkömmliche Textnachricht warten. Vorsicht: Sollte die andere Person daraufhin versuchen, Sie anzurufen, sagen Sie mehrfach »Hallo? Hallo? Ich höre nichts!«, bevor Sie auflegen. Andernfalls riskieren Sie, dass Ihre Tarnung auffliegt.

6. Hatte keine Zeit, mir das komplett anzuhören, habe nur mal durchgeskipped, aber denke, habe das Wichtigste verstanden. Ja, ich kann gerne deinen Kühlschrank vom Flughafen abholen.
16:44 ✓

Bringen Sie anschließend der Person einen Kühlschrank und verlangen Sie wie vereinbart 899 Euro.

7. [Sprachnachricht 72:07]
16:44 ✓

Lassen Sie Ihr Gegenüber seine eigene Medizin schmecken und schicken Sie ihm eine 72-minütige Sprachnachricht über die Unsinnigkeit von Sprachnachrichten! Tipp: Sprechen Sie mit halber Geschwindigkeit, damit Ihr Gegenüber die Sprachnachricht nicht schneller abspielen kann.

8. Ah ... aha ... nein wirklich? .... Boah ..... hahaha, geil ..... hm, blöd ...... ach nee ...... aha ..... aha .... aha ..... h i h i ... danke, ciao..
16:44 ✓

Das kommt meistens ganz gut hin.

9. Habe mir für nächste Woche Dienstag Urlaub genommen, um die Nachricht anzuhören. Antwort gibt es dann!
16:44 ✓

So gewinnen Sie Zeit. Entweder schreibt Ihr Gegenüber doch noch einen Text oder hat bis nächste Woche Dienstag vergessen, worum es ging.

10. Boah! Das ist so fies von dir. Hör dir deine Sprachnachricht bitte noch mal von vorne bis hinten an und dann überleg dir, ob das okay war, das zu sagen.
16:44 ✓

Meist folgt auf diese Nachricht Funkstille, weil selbst Leute, die gerne Sprachnachrichten aufnehmen, in der Regel keinen Bock haben, Sprachnachrichten anzuhören.

11. Fick dich! Ich will nie wieder was mit dir zu tun haben, du dumme Sau!
16:44 ✓

Wer Sprachnachrichten schickt, hat diesen Umgang durchaus verdient.

Bekam eins über die Rübe gezogen: Mann verprügelt aufdringlichen Kondomvertreter

Neuer Shuttlebus zu Autobahnraststätte ermöglicht Menschen ohne Auto, Haustiere auszusetzen

Frankfurt (dpo) – Wer sein lästig gewordenes Haustier an einer Autobahnraststätte aussetzen wollte, war bislang auf ein Auto angewiesen – Menschen ohne eigenes Fahrzeug hatten das Nachsehen. Das soll sich nun ändern: Der neue Shuttle-Service »Goodbye Fifi!« aus Frankfurt fährt Menschen und ihre Haustiere mit Bussen an den richtigen Ort.

»Nächster Halt: Autobahnraststätte Gräfenhausen Ost«, spricht Busfahrer Manfred Abeking in sein Mikrofon. Hinter ihm sitzen rund 20 Fahrgäste mit Tieren aller Art: Hunde, Katzen, Meerschweinchen, sogar einige Leguane. »Die Leute sind sehr dankbar, dass es uns gibt«, so Abeking, bevor er eine weitere Durchsage macht. »Sooo, da sind wir. An alle Hundehalter: Sehen Sie die Bäume rechts hinter dem gelben Lkw? Oder das Geländer? Da können Sie Ihre Kläffer gut anbinden, ohne dass Sie sofort auffallen.«

Nötig wurde der Shuttleservice, weil heutzutage besonders in Städten immer weniger Menschen ein eigenes Auto haben. »Die haben sonst quasi gar keine Chance, eine Autobahnraststätte zu erreichen«, erzählt Abeking. »Da geht kein Zug hin und auch kein Bus. Und was haste dann bisher gemacht, wenn du nach ein paar Monaten merkst, dass dein Haustier nicht mehr so süß ist, wie zunächst gedacht? Oder wenn dein Hündchen irgendwie nicht stubenrein werden will? Für nur 15 Euro kannst du dann mit uns mitfahren.«

Die Fahrten genießt Abeking. »Ich persönlich mag Tiere. Deshalb finde ich die Hinfahrten zur Raststätte immer sehr abwechslungsreich«, sagt er. Die Rückfahrten mag er hingegen weniger. »Da fehlen die Tiere und im Bus herrscht immer eher gedrückte Stimmung. Wobei manchen auch echt die Erleichterung anzusehen ist.«

Schließlich naht die Abfahrtszeit. Der Bus füllt sich wieder. Abeking spricht wieder in sein Mikrofon: »Es geht wieder zurück. Sind alle da? Haben wir wen vergessen? Haha! Kleines Späßchen. Überschüssige Hundeleinen, Katzenkörbe und Ähnliches können Sie dann bei Ankunft einfach liegen lassen. Da kümmern wir uns drum. Vielen Dank, dass Sie sich für ›Goodbye Fifi!‹ entschieden haben!«

Mehr Rechte für Frauen: NPD gründet Datingservice

Hat vergessen, was eine Tür ist:
Scholz verlässt Cum-Ex-Untersuchungsausschuss durch Fenster

Berlin (dpo) – Wie schlimm ist der geistige Niedergang von Olaf Scholz? Nachdem er sich im Cum-Ex-Ausschuss an so gut wie nichts mehr erinnern konnte, vergaß der Bundeskanzler zum Ende seiner Befragung zu allem Überfluss auch noch, was eine Tür ist, und verließ das Gremium kurzerhand durch ein Fenster.

»Huch! Wo geht's denn hier jetzt raus?«, fragte Scholz, während er ratlos durch den Raum blickte. Schon zuvor war klar geworden, dass das Erinnerungsvermögen des deutschen Regierungschefs stark eingeschränkt ist, als er eine Frage nach der anderen mit dem Hinweis, er könne sich nicht erinnern, unbeantwortet ließ.

Dass er zum Ende seiner Befragung dann auch noch vergessen hatte, was eine Tür ist, obwohl er doch den Raum durch eine betreten hatte, überraschte folglich nur die wenigsten Anwesenden. Nachdem Scholz zunächst zögerlich gegen mehrere Wände lief, zeigte er schließlich erleichtert auf ein Fenster. »Ach, hier ist Draußen, na klar!«

Der Bundeskanzler erklomm zielstrebig das Fensterbrett und blickte ein letztes Mal zurück: »Machen Sie es gut! Es war mir eine Freude, heute … ja … äh … was habe ich hier gleich noch mal gemacht … alles ist so ein Nebel. Also jedenfalls tschüss!«

Dann schwang er sich ins Freie und landete in einer zwei Meter tiefer liegenden Rosenhecke.

Unhöflich: Mistkäfer bietet Gästen keinen Stuhl an

RATGEBER

20 Sätze, die Sie niemals im Wartezimmer sagen sollten

Wartezimmer in Arztpraxen sind meist Orte des Schweigens – es scheint zu den festen Regeln zu gehören, möglichst wenig mit anderen Patienten zu sprechen. Wer es dennoch tut, riskiert schnell irritierte Blicke, empörte Entgegnungen oder gar Handgreiflichkeiten – vor allem, wenn es sich beim Gesagten um einen der folgenden 20 Sätze handelt, die Sie niemals im Wartezimmer sagen sollten:

1. »Oje! Selbst ich als Laie kann sehen, dass Sie schwer krank sind und noch heute versterben werden.«

Geht an die Börse: Taschendieb gründet AG

Der Postillon

2. »Ich müsste mal kurz draußen telefonieren, könnten Sie in der Zwischenzeit meine Kotprobe halten und darauf achten, dass nichts verschüttet? Der Deckel ist etwas undicht.«

3. »Schön, dass Sie alle hier sind. Ich würde mit Ihnen gerne über Gott sprechen.«

4. »Ach, ihr habt auch alle gleich ein Sexdate mit dem Arzt / der Ärztin?«

5. »Mensch, diese *Spiegel*-Ausgabe von 2003 suche ich seit Jahren, die wollte ich schon immer mal lesen!«

6. »So, endlich habe ich mal etwas Zeit, mir meine 120 neuen Handy-Klingeltöne anzuhören.«

7. »Haben Sie etwa keinen Schlafsack dabei? Ja, glauben Sie etwa echt, Sie kommen heute noch dran?«

8. »Sind Sie auch alle wegen Ihrer unkontrollierbaren Blähungen da? Nein? Okay, halten Sie sich am besten direkt schon mal die Nase zu.«

9. »Ach, hallo Peter. Ich hab dir doch gesagt, ohne Kondom stecke ich dich an!«

10. »Es geht sicher viel schneller, wenn wir alle zusammen einen schönen Kanon singen. »Bruder Jakob« kann ja sicher jeder. Also, alle da hinten sind Gruppe eins. Gruppe zwei geht von …«

11. »Sie sind doch alle krank! KRANK!«

12. »Entschuldigung, aber ich wollte mir noch eine andere Meinung einholen, bevor ich drankomme: Sieht das für Sie aus wie Hämorrhoiden?«

13. »Wow! Echt mutig, dass Sie alle hier ohne Ganzkörper-Schutzanzug neben mir sitzen! Sie müssen wohl immun sein, was?«

14. »Oh Mann, ich bin echt ein wenig nervös vor dieser Untersuchung. Darf ich mich bei Ihnen auf den Schoß setzen?«

15. »Echt viel los hier, wenn man bedenkt, dass die hier mit gefälschten Medizin-Abschlüssen arbeiten.«

16. »Guten Tag zusammen! Keine Sorge, bin gleich wieder weg. Ich bin Privatpatient und komme daher vor Ihnen allen dran.«

17. »Hier, essen Sie diese Knoblauchzehe. Die macht Sie in kürzester Zeit wieder fit. Vertrauen Sie mir! Ich bitte Sie, nicht so bescheiden! Nun nehmen Sie schon! Mund auf! Aaaah!«

18. »Würden Sie mich bitte vorlassen? Ich hab auch nicht viel. Nur eine einzige Krankheit!«

19. »Sind Sie auch wegen der Kleinanzeige für die gebrauchte Niere hier?«

20. »Wollen Sie hier wirklich warten? Ich google Ihre Symptome zum halben Preis!«

Wer diese 20 Sätze meidet, ist vor den schlimmsten Fettnäpfchen sicher. Echte Profis verzichten im Wartezimmer ohnehin grundsätzlich auf sämtliche Äußerungen und verständigen sich nur im Notfall per Kopfnicken, Schulterzucken oder Handzeichen.

Situation eskaliert während Beethovens Siebter:
Elf Verletzte im Moshpit bei Klassik-Open-Air-Festival

Bonn (dpo) – Elf Menschen sind am Mittwoch beim Klassik-Open-Air-Festival »Rheinklänge« in der Nähe von Bonn verletzt worden, als die Situation im Moshpit vor der Hauptbühne eskalierte. Gegen die Veranstalter werden schwere Vorwürfe erhoben.

Zu dem Unglück kam es im vierten Satz von Ludwig van Beethovens siebter Sinfonie, als mehrere Menschen im Gedränge zu Fall kamen und eine Massenpanik entstand. Dirigent und Orchester brachen die Aufführung schließlich ab und konnten so Schlimmeres verhindern.

Augenzeugen zufolge sei die Stimmung vorher noch gut gewesen. Immer wieder hätten sich Klassikfans beim Crowdsurfing von der Bühne nach hinten tragen lassen. Andere spielten Luftgeige oder Lufttriangel und schüttelten dabei ihr Haar. Viele tanzten ausgelassen.

»Klar, bei einigen härteren Stücken von Schostakowitsch, Pettersson, Bartok oder Revueltas wurde im Moshpit schon recht heftig gepogt, aber das ist ja eigentlich normal auf solchen Festivals«, erinnert sich Anna Kessler (21), die selbst mit ein paar blauen Flecken davongekommen ist. »Mir fiel nur auf, dass es schon irgendwie recht voll und eng war. Es lag so ne Spannung in der Luft, sag ich mal.«

Doch als das Finale von Beethovens siebter Sinfonie erklang, rastete das

»Warum funktioniert das Ding nicht?«: Rasensprengerverkäufer steht auf dem Schlauch

Publikum aus, so Augenzeugen. »Ich glaube, viele waren schon von vornherein nur wegen dem guten alten Ludwig van B. da. Der ist einfach einer der Bekanntesten im Lineup. Da sind dann alle nach vorne an die Bühne und wollten da wohl so richtig eskalieren.«

Dass die Situation entgleitet, merkte auch Fagottist Dennis Nieman, der von der Bühne aus machtlos zusehen musste: »Ich sah da ein paar im Moshpit ziemlich brutal um sich schlagen und gleichzeitig wurde von hinten geschoben und dann sah ich, wie ein Typ vorne ans Gitter gedrückt wurde und gar nicht mehr glücklich dreinschaute. Die Securitys hatten alle Hände voll zu tun und zogen Leute raus, aber das waren einfach zu viele.«

Schließlich brach der Dirigent die Aufführung ab. »Gott sei Dank, nur Minuten später wäre die Musik in der Schlusscoda noch krasser geworden. Ich sag nur fortefortissimo. Wer weiß, wie sie da alle ausgerastet wären«, so Nieman. »Das hätte Tote geben können.«

Insgesamt elf Menschen trugen Verletzungen davon. Vier mussten stationär behandelt werden. Eine Person liegt im Krankenhaus, ihr Zustand ist aber stabil.

Experten warnen schon lange vor den Gefahren klassischer Konzerte. »Die Orchester peitschen die Menge mit immer gewagteren Phrasierungen und immer rasanteren Tempi auf«, erklärt etwa Susanne Stöppler vom Verein »SOS Klassik«. »Gepaart mit dem bekanntermaßen hohen Alkohol- und Drogenkonsum unter Klassik-Fans ergibt das eine hochgefährliche Mischung.«

Dem Veranstalter Musikfreunde Bonn e. V. drohen nun Ermittlungen wegen möglicher Verstöße gegen Sicherheitsauflagen.

Kleiner Timmy (9) schlachtet Sparschwein, um sich neues Sparschwein zu kaufen

Saarbrücken (dpo) – Das viele Sparen hat sich gelohnt! Der kleine Timmy aus Saarbrücken hat soeben mit einem Hammer sein Sparschwein geschlachtet. Von dem Geld, das er sich über Monate gespart hat, will sich der Neunjährige ein neues Sparschwein kaufen.

»Lange hab ich mein Taschengeld reingeworfen, immer mit diesem einen Ziel vor Augen: ein Sparschwein«, erklärt der kleine Timmy, während er sein Geld zwischen den Scherben des Sparschweins zählt. »Und jetzt ist es endlich so weit.«

Wie sein neues Sparschwein aussehen soll, hat der Junge schon exakt vor Augen. »Es soll genauso aussehen wie mein altes. Nur halt nicht zerbrochen.«

Auch einen Namen hat er schon für sein neues Porzellanschwein. »Ich werde es im Gedenken an seine vielen Vorgänger Schweini XVI. nennen.«

An den Haaren herbeigezogen: Friseur bestreitet gewaltsame Kundenbeschaffung

Der Postillon

Deutschland gerettet!
Forscher gewinnen erstmals Energie aus Oktoberfestkotze

München (dpo) – Ist das die Rettung? Wissenschaftlern der Technischen Universität München ist es erstmals gelungen, aus dem Erbrochenen von Oktoberfestbesuchern Energie zu gewinnen – und zwar so viel, dass Deutschland locker über den Winter kommen könnte.

»Bislang hat sich die Politik bei der Suche nach Ersatz für russisches Gas vor allem auf erneuerbare Energien, Kohle oder Atomkraft konzentriert«, erklärt der Physiker Henning Christiani. »Jetzt haben wir mit Oktoberfestkotze einen neuen Energieträger erschlossen, der ergiebig, effizient und in rauen Mengen verfügbar ist.«

Tatsächlich lässt sich bereits aus einem Liter Oktoberfestkotze mittels eines speziellen Verbrennungsverfahrens genug Energie erzeugen, um 1000 Haushalte eine Woche lang mit Strom und Wärme versorgen zu können.

Dabei muss es sich explizit um Kotze von der Wiesn handeln. »Wir haben verschiedene Arten von Erbrochenem untersucht, aber nur Oktoberfestkotze hat die richtige Mischung aus Fassbier, Sauerkraut, Schweinebraten, Knödeln und noch mehr Fassbier, die zur Energiegewinnung nötig ist.«

Entscheidet sich Deutschlands Energiezukunft hier? Inzwischen ist bereits die Rede vom »gelb-bräunlichen Gold«.

Die bayerische Regierung will nun durch das Aufstellen von Fässern mit Trichteröffnung auf dem Kotzhügel sicherstellen, dass möglichst wenig von der wertvollen Substanz vergeudet wird.

Derzeit prüft das Forscherteam um Dr. Christiani, ob auf dem berühmten Kotzhügel auf der Wiesn ein Bohrturm errichtet werden kann, mit dem auch ältere Kotzschichten angezapft werden können.

Außerdem wird erwogen, das Oktoberfest auf das ganze Jahr auszudehnen.

Chef fehlt richtig Kohle: Mitarbeiter reich durch Veruntreuung

Regierung reduziert Zuzahlung für homöopathische Mittel auf 0,00000000001 Euro

Berlin (dpo) – Im Streit darüber, ob homöopathische Mittel künftig noch durch gesetzliche Krankenkassen finanziert werden sollen, zeichnet sich ein Kompromiss ab. Einem neuen Gesetzesentwurf des Gesundheitsministeriums zufolge könnten Krankenkassen Globuli & Co. künftig nur noch mit einer Zuzahlung von 0,00000000001 Euro subventionieren.

»Vielfach wurde gefordert, Homöopathie komplett als Satzungsleistung zu streichen, aber so weit wollten wir dann doch nicht gehen«, erklärte Gesundheitsminister Karl Lauterbach (SPD). »Im Gegenteil: Trotz der vermeintlichen Kürzung stärken wir im Endeffekt die Homöopathie, weil sich die Wirkung der Zuzahlung bei diesen geringen Beträgen sogar noch potenziert, also verstärkt.«

Damit dürfte die Bezuschussung auch quantitativ in etwa der in homöopathischen Mitteln enthaltenen Wirkstoffmenge entsprechen.

Die Einsparungen im Gesundheitssystem dürften immens sein. Während etwa 2020 homöopathische Mittel noch mit etwa 6,7 Millionen Euro bezuschusst wurden, dürfte das Gesamtvolumen nach der Reform nur noch etwa 27 Cent pro Jahr betragen.

Wer ein homöopathisches Mittel verschrieben bekommt, kann die Rechnung also weiterhin bei seiner Krankenkasse einreichen. Allerdings verweisen die Kassen darauf, dass bei Beträgen unter 0,5 Cent üblicherweise abgerundet wird.

Verbringt den Tag mit Fugen: Fliesenleger hört Bach bei der Arbeit

Erneuter Terroranschlag der Letzten Generation:
34 Leicht- und 5 Schwerverspätete

Berlin (dpo) – Die Terrororganisation Letzte Generation hat erneut zugeschlagen: Bei einem schweren Angriff auf den Straßenverkehr sind heute in Berlin 34 Menschen leicht und fünf schwer verspätet worden. Nur durch beherztes Eingreifen der Polizei konnten schlimmere Verspätungen verhindert werden.

Gegen 9 Uhr morgens starteten die Terroristen ihre feige Attacke, indem sie sich in Berlin-Charlottenburg auf einem Fußgängerüberweg festklebten. Ihre ahnungslosen Opfer hatten keine Chance: Innerhalb von Sekunden steckten sie in einem Stau fest, der minütlich schlimmer wurde.

»Diese Bilder kriege ich nie wieder aus dem Kopf«, schildert eine immer noch sichtlich schockierte Augenzeugin. »Es war furchtbar! Überall die hochroten Köpfe der Verspäteten. Wenn ich die Augen schließe, höre ich immer noch ihre wütenden Schreie.«

Erst nach 15 quälenden Minuten trifft endlich die Polizei ein. Den Beamten gelingt es mithilfe von Lösungsmittel und unter dem mutigen Einsatz von Schmerzgriffen, die Extremisten von der Fahrbahn zu entfernen. »Zum Glück konnte ich einer Terroristin beim Wegtragen noch das Handgelenk verdrehen«, berichtet ein Polizist. »Nicht auszudenken, was passiert wäre, wenn ich sie einfach ganz normal von der Straße getragen hätte!«

Am Tatort hat sich inzwischen eine Menschenmenge versammelt, die der Verspäteten gedenkt. Es werden Kränze niedergelegt, vereinzelt erklingen Lieder. Es sind Bilder, wie man sie in Deutschland nicht mehr für möglich gehalten hatte – Bilder aus einem schwer vom Klimaterrorismus gezeichneten Land.

Michael duckless: Schauspieler verkauft seine alte Ente

Wegen Schild, man solle Raum so verlassen, wie man ihn vorfinden will:
Mann verlegt Fliesen in Zugtoilette und baut Keramikklo und Fenster ein

Nürnberg (dpo) – Puh! Das war ein hartes Stück Arbeit. Weil ein Bahnreisender im Regionalexpress von Leipzig nach Nürnberg in der Zugtoilette ein Schild vorfand, auf dem stand, er solle sie so verlassen, wie er sie vorfinden möchte, musste er den kompletten Raum nach seinen Vorstellungen umbauen.

»Ich war gerade auf dem ziemlich ekligen Klo und hab mir die Hände gewaschen, als ich dieses Schild sah«, erklärt Rainer Powalik aus Leipzig (31). »Da stand: ›Bitte verlassen Sie diesen Raum so, wie Sie ihn vorzufinden wünschen!‹«

Powalik habe sich umgeschaut und festgestellt, dass der Raum ganz und gar nicht so aussieht, wie er ihn gerne vorfinden würde. »Überall hässliche Plastikaufmachung, das Klo war aus Plastik und Metall und vor allem war es sehr stickig.«

Daher nutzte der 31-Jährige Sanitärfachmann einen zehnminütigen Aufenthalt in Jena, um in einem nahe gelegenen Baumarkt alle nötigen Materialien zu holen. Dann machte er sich an die Arbeit.

»Ich hab dann erst mal damit begonnen, alles Unnötige inklusive Plastik-Waschbecken und Plastik-Metall-Klo rauszureißen«, erklärt er. »Ab Saalfeld habe ich dann den Raum gefliest. Ab Kronach hab ich ein schönes Keramikwaschbecken und eine Keramiktoilette installiert und ab Bamberg habe ich noch ein Fenster eingebaut. Dann hat man besseres Licht und kann auch mal lüften.« Eine Holztür ersetzte außerdem die hässliche Plastiktür.

Leider kam Powalik, als er vier Stunden später alle Arbeiten abgeschlossen hatte, gerade am Endbahnhof in Nürnberg an. »Ich hatte leider gar keine Gelegenheit mehr, das Klo auch selbst zu nutzen. Schade. Aber immerhin habe ich es so verlassen, wie ich es gerne vorgefunden hätte.«

Künftig will Powalik längere Bahnfahrten jedoch meiden. »Ganz ehrlich: Mir ist das einfach zu riskant, dass ich wieder auf die Toilette muss und so ein Schild sehe. Das wird auf Dauer einfach zu teuer und mühsam.«

Zugtoilette nach dem Umbau

In der Zwickmühle: Müller muss Gattin blaue Flecken erklären

Ekligste Dschungelprüfung aller Zeiten:
Kandidaten müssen eine Stunde lang Dschungelcamp gucken

Dungay (dpo) – So schlimm traf es bisher noch keine Teilnehmergruppe: In der wohl härtesten Ekelprüfung aller Zeiten mussten alle verbliebenen Kandidaten des RTL-Dschungelcamps in der gestrigen Sendung eine Stunde lang das RTL-Dschungelcamp schauen, um ihre Sterne zu verdienen.

Dabei hatten sich zunächst noch alle gefreut, als sie in einen Dschungelabschnitt geführt wurden, in dem ein TV-Gerät sowie mehrere Sitzgelegenheiten platziert waren. Doch die gute Stimmung war schnell dahin, als die Regeln der Prüfung erklärt wurden und die ersten Szenen einer Dschungelcamp-Ausgabe aus der Vorwoche über den Bildschirm flimmerten.

»Es ist doch einfach nur widerwärtig«, klagte Ballermann-Star und Katzenberger-Gatte Lucas Cordalis, während er sich bereits nach wenigen Minuten angeekelt wand. »Wer denkt sich so einen kranken Scheiß aus? Was ist das für ein Konzept? Ich kenne die meisten dieser Menschen nicht und ich will sie auch nicht sehen.« Kurz darauf musste er aufgeben.

Dschungelcamp-Mitstreiterin Jolina Mennen hingegen kam erst gar nicht zum Beschweren, da sie sich schon nach wenigen Sekunden übergeben musste. Wie ihr ging es zahlreichen weiteren Kandidaten.

Schauspielerin Jana Pallaske bat sogar mehrfach um einen sofortigen Abbruch der Prüfung und forderte stattdessen, Känguruhoden oder Kakerlaken aufgetischt zu bekommen. »Alles, nur das nicht!«, rief sie, als auch sie die Prüfung abbrach und mit Hand vor dem Mund zu einem Gebüsch rannte.

Am Ende war es nur ein magerer Stern, den sich das Camp erstreiten konnte – bis auf Papis Loveday, der sich an einem Baum festbinden ließ und seine Augenlider mit geschickt eingeklemmten Streichhölzern offen hielt, hatten alle aufgeben müssen.

Nicht nur Kandidaten und Zuschauer, sondern auch Ethiker sehen in dieser Dschungelprüfung eine Grenzüberschreitung. »RTL bringt hier Menschen nicht nur an ihre psychischen

Grenzen, sondern weit darüber hinaus. Niemand sollte gezwungen sein, so etwas anzuschauen«, fordert etwa die Moralphilosophin Esther Konrad. »Natürlich können Kandidaten bei dieser Show jederzeit aussteigen, aber sie werden durch Gruppendynamik und auch physische Anreize wie diese Sterne in Situationen getrieben, die kaum jemand freiwillig auf sich nehmen würde.«

RTL wies die Vorwürfe zurück. Allerdings ist schon lange bekannt, dass selbst das sendereigene Kamera- und Schnittpersonal immer nur für maximal fünf Sendeminuten zuständig ist, damit niemand gezwungen ist, längere Videoabschnitte anzuschauen.

Zuvor hatte eine Prüfung von letztem Jahr als die härteste aller Zeiten gegolten, als Filip Pavlovic und Peter Althof an einer besonders diabolischen Pizza-Kreation fast verzweifelten (Der Postillon berichtete).

Beim Ins-Bett-Gehen falsch gedreht:
Erfinder von Tetris schläft senkrecht

Washington (dpo) – Oje, das wird eine harte Nacht: Weil er sich beim Schlafenlegen versehentlich noch einmal um exakt 90 Grad gedreht hat, muss Tetris-Erfinder Alexei Paschitnow (67) senkrecht schlafen.

»Ach verflixt«, ärgert sich der Programmierer. »So wollte ich das doch gar nicht. Jetzt werde ich morgen wieder total im Nacken verspannt sein.«

Leider ist es bereits zu spät, um noch etwas an der Schlafsituation zu ändern. »Wenn ich erst mal Deckenkontakt habe, muss ich genau so bleiben und muss mit den Konsequenzen eben leben«, seufzt Paschitnow.

Immerhin, es hätte schlimmer kommen können: Vor ein paar Jahren hatte sich Paschitnow eines Abends zwar korrekt waagerecht ins Bett gelegt, doch am Fußende lag eine Reisetasche auf der Matratze, was dafür sorgte, dass er samt Tasche verschwand und die gesamte Nacht im Nichts verbringen musste.

Umgekehrt: Panzer überschlägt sich nach Kollision mit Reinigungsfahrzeug

Söder bereit für mehr Windräder:
»Haben endlich ein Design gefunden, das zu Bayern passt«

München (dpo) – Lange Jahre lag Bayern beim Windrad-Ausbau weit hinter anderen Bundesländern zurück. Doch das könnte sich jetzt ganz schnell ändern. Ministerpräsident Markus Söder (CSU) kündigte eine beispiellose Ausbauoffensive an – und das vollkommen, ohne dass dabei die schöne Landschaft Bayerns verschandelt wird.

»Wir von der CSU waren ja lange skeptisch, was Windkraftanlagen anging«, erklärte Söder. »Aber jetzt haben wir endlich ein Design gefunden, das zu 100 Prozent zu Bayern passt.«

Die neuen Windräder in Kruzifixform seien aufgrund einer leichten Unwucht zwar nicht ganz so effizient wie herkömmliche Windkraftanlagen, dafür werten sie die Landschaft entschieden auf, indem sie traditionelle bayerische Kultur mit der Moderne verknüpfen.

»Die rotierenden Kruzifixe sind ein Zeichen dafür, dass Bayern auch im 21. Jahrhundert noch seine Wurzeln und seine Werte bewahrt«, sagte Söder. »Und gleichzeitig leisten sie einen wichtigen Beitrag zur Energiewende und zum Klimaschutz. Halleluja!«

Experten rechnen damit, dass Bayern bereits 2025 den Rest Deutschlands beim Ausbau der Windenergie überholt haben wird.

Panne im Stellwerk Wuppertal:
ICE biegt auf Schwebebahn-Gleis ab

Wuppertal (dpo) – Kuriose Panne in Wuppertal: Durch einen Stellwerkfehler ist heute ein ICE der Deutschen Bahn versehentlich ins Schienennetz der städtischen Schwebebahn umgeleitet worden. Erst nach einer halben Stunde Kopfüberfahrt konnte der Schnellzug wieder ins normale Schienennetz wechseln.

Eine Sprecherin der Bahn nennt »menschliches Versagen« als Grund für die Panne, die sich heute kurz nach 16 Uhr ereignete. Demnach legte ein Mitarbeiter in einem Stellwerk einen falschen Hebel um und leitete den ICE so auf eine eigentlich für die Schwebebahn gedachte Fahrschiene, wo er zunächst unbemerkt seine Fahrt fortsetzte.

An Bord des ICE 953 von Köln nach Berlin fiel hingegen schnell auf, dass etwas nicht stimmte. »Plötzlich fuhren wir falschrum und alle meine Sachen flogen an die Abteildecke«, schildert Fahrgast Thorben Schneidereit die bangen Sekunden, als der Zug ins Schwebebahnnetz einfuhr. »Ich schaute aus dem Fenster und sah Menschen und Häuser kopfüber vorbeisausen. Mir persönlich wird ja schon übel, wenn ich mal entgegen der Fahrtrichtung sitzen muss, also können Sie sich vorstellen, wie mir in diesem Moment zumute war.«

Nach Angaben der Bahn bemerkte auch der Zugführer nach einigen Minuten die Panne und kontaktierte das Stellwerk. Dort stellte man fest, dass eine Fahrt bis zur Endstation Vohwinkel und wieder zurück zum Wuppertaler Hauptbahnhof nötig war, um den restlichen Schwebebahnverkehr nicht zu beeinträchtigen.

Für großen Unmut bei den Fahrgästen sorgten dann auch noch zwei in Vohwinkel zugestiegene Kontrolleure des Wuppertaler Verkehrsverbunds WSW. Diese verhängten mehrere Strafen wegen Schwarzfahrens, weil nur die wenigsten ein gültiges Ticket für den Wuppertaler Nahverkehr mit sich führten.

Mit rund 30 Minuten Verspätung konnte der Schnellzug schließlich die Fahrt Richtung Berlin fortsetzen. Es handelt sich um eine der größten ICE-Irrfahrten seit 2011. Damals war ein ICE versehentlich auf das Gleis der Achterbahn »Blue Fire Megacoaster« im Europapark Rust geraten und in einem Looping stecken geblieben.

Lehrer mit Burnout in Krankenhaus eingeliefert, weil er in den Sommerferien so viel Unterricht vorbereitet hat

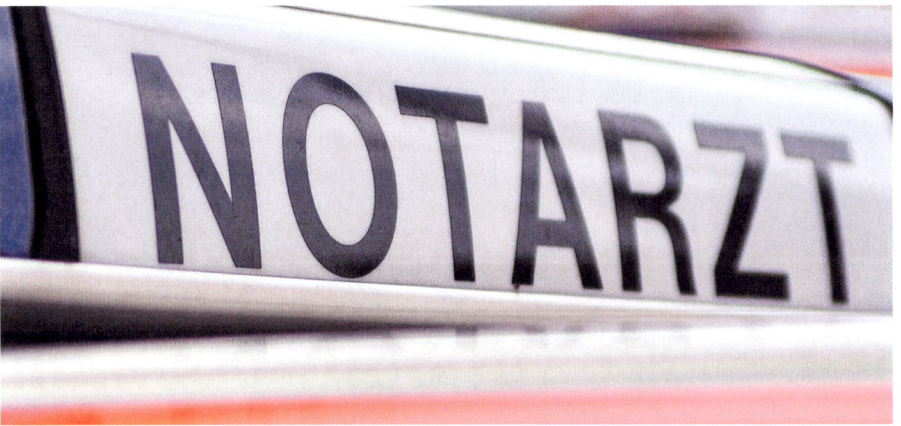

Berlin (Archiv) – Am vergangenen Wochenende wurde ein Lehrer des Axel-Schulz-Gymnasiums in Berlin ins Krankenhaus eingeliefert. Er hatte einen akuten Fall von Burnout erlitten, während er in den Sommerferien Unterricht vorbereitete. Die Lehrergewerkschaft ist alarmiert und fordert gesonderte Erholungspausen zusätzlich zu den als besonders arbeitsintensiv geltenden Schulferien.

Mittlerweile geht es Michael Koch (32) wieder besser. Die Erschöpfung, die ihn so plötzlich überfallen hat, ist weg. Koch kann sich bereits wieder aufrichten und erste, zur Entspannung verordnete Cocktails schlürfen.

»Die Leute haben gar keine Ahnung, wie hart wir Lehrer in den Sommerferien arbeiten müssen«, erklärt Koch, der Englisch und Geschichte unterrichtet. »Schon während der Schulzeit ist es hart. Wir haben zum Teil bis zu 25 Stunden Arbeit pro Woche. Also Dreiviertelstunden jetzt. Und dann kommen noch Korrekturen, Elternabende und Unterrichtsvorbereitung dazu.«

Doch in den großen Sommerferien sei es besonders schlimm. Immerhin müsse in dieser Zeit das komplette kommende Schuljahr vorbereitet werden. »Und das in nur sechs Wochen! Jeder, der mal sechs Wochen am Stück Urlaub hatte, weiß, dass man in der kurzen Zeit nichts schaffen kann. Und anders als im Unterricht kann ich nicht einmal den Videowagen reinrollen und einen Film anmachen, wenn ich keine Lust habe.«

Besonders erschwerend kommt hinzu: Oft bleiben Lehrern von den sechs Wochen nur vier, weil sie zwei Wochen im Urlaub verbringen: »Das ist für uns nun mal die einzige Chance zum Verreisen; also abgesehen jetzt von den Weihnachtsferien, den Winterferien, den Osterferien und den Herbstferien.«

Michael Koch ist nun für mindestens sechs Monate krankgeschrieben. »Aber keine Sorge, ich faulenze in der Zeit nicht, sondern werde jede Sekunde damit verbringen, das zweite Halbjahr vorzubereiten.«

Selbst schuld: Hochstapler von weltgrößtem Jenga-Turm erschlagen

Entwarnung! Reichsbürger planten nur bewaffneten Umsturz, hatten aber nicht vor, sich irgendwo festzukleben

Berlin (dpo) – Da haben die Ermittler wohl zu vorschnell gehandelt: Nach einer bundesweiten Razzia gegen rund 50 Personen aus dem Umfeld der sogenannten Reichsbürger geben die Behörden jetzt Entwarnung. Offenbar planten die Beschuldigten lediglich einen bewaffneten Umsturz, hatten aber nicht vor, sich irgendwo festzukleben. Experten rechnen damit, dass sich die Reichsbürger bald wieder auf freiem Fuß befinden.

»Wir dachten, wir hätten es hier mit einer waschechten Bedrohung zu tun«, räumte ein Sprecher des Innenministeriums ein. »Aber bei unseren Razzien fanden wir zum Glück keinerlei Klebstoff vor, sondern nur zahlreiche Schusswaffen und Sprengstoff sowie dezidierte Pläne, die Regierung zu stürzen.«

Auch habe man bei der Gruppe, der unter anderem Ex-AfD-Abgeordnete, Ex-Elitesoldaten und Adelige angehörten, keine konkreten Hinweise für terroristische Bestrebungen wie Tomatensuppe oder Kartoffelbrei entdeckt.

»Wir können daher Entwarnung geben!«, so der Sprecher. »Unsere Kunstgalerien und Straßen wurden zu keinem Zeitpunkt bedroht. Gefährdet waren lediglich nachrangige Güter wie die Verfassung der Bundesrepublik Deutschland, das Leben vieler Menschen sowie der öffentliche Frieden.«

Juristen rechnen damit, dass der Ermittlungsrichter die Reichsbürger schnell wieder freilässt. »Wenn kein Risiko besteht, dass die Beschuldigten sich irgendwo ankleben, sehe ich keinen Grund, sie länger als nötig festzuhalten«, so Rechtswissenschaftlerin Annette Beuz. »Es gilt immer noch die Unschuldsvermutung.«

Union und FDP kritisierten Innenministerin Nancy Faeser scharf für die bundesweiten Razzien. Man solle sich lieber um wirkliche Gefahren für die innere Sicherheit wie die Gruppe »Letzte Generation« sowie »woke Cancel-Culture« kümmern.

Sperrmaßnahmen: Twitter zensiert alle Synonyme für Ejakulat

Der Postillon

Vegan-Trend: Burger King will auf pflanzliche Pommes umsteigen

Hannover (dpo) – Der Verzicht auf tierische Produkte liegt voll im Trend. Auch Burger King baut sein veganes Sortiment weiter aus: Künftig sollen die Pommes des Fast-Food-Riesen ausschließlich aus pflanzlichen Zutaten hergestellt werden. Die Umstellung kommt nicht bei allen gut an.

An pflanzliche Burgerpatties als Fleischalternative haben sich viele Burger-King-Kunden bereits gewöhnt. Bei den Pommes geht der Konzern nun sogar noch weiter: Künftig werde man nur noch die vegane Variante anbieten, die zu 100 Prozent aus pflanzlichem Material besteht, teilte Burger King mit.

»Unsere neuen Plant Based Fries auf Kartoffelbasis werden komplett unter Verzicht auf tierische Produkte hergestellt«, erklärt ein Sprecher der Fast-Food-Kette. »Aber wir versprechen Ihnen: Der Geschmack wird genau gleich bleiben. Sie werden keinen Unterschied zu unseren klassischen Pommes herausschmecken.«

Auch Ketchup will Burger King künftig nur noch als veganes Produkt anbieten.

Bei der Kundschaft stößt die Neuerung bislang auf wenig Gegenliebe: Online regt sich vehementer Widerstand gegen den »veganen Wokismus« und die »Öko-Diktatur« der Burgerkette. »Ich war mein Leben lang Burger-King-Kunde, aber wenn die uns jetzt auch noch mit veganen Pommes umziehen wollen, gehe ich eben zu McDonald's«, meint etwa Silke W. in der Facebook-Gruppe »Make Burger King Fleisch Again«.

Analysten rechnen damit, dass Burger King durch den mutigen Schritt kurzfristig bis zu 10 Prozent seiner Kundschaft an die Konkurrenz verlieren könnte.

1a: Familie hochzufrieden mit neuer Hausnummer

Der Postillon

Russland bombardiert strategisch wichtigen Spielplatz in Kiew

Kiew (dpo) – Wendet dieser Angriff das Blatt wieder zugunsten Putins? Das russische Militär hat heute erfolgreich einen strategisch wichtigen Spielplatz in der ukrainischen Hauptstadt Kiew bombardiert. Die Einrichtung galt als logistischer Knotenpunkt für sämtliche Spielaktivitäten im näheren Umkreis.

»Volltreffer!«, freute sich Generalleutnant Igor Konaschenkow im russischen Staatsfernsehen. »Von diesem Spielplatz wird kein Klettern, Rutschen und Sandburgbauen mehr in Richtung Russland ausgehen.«

Nach dem Beschuss entstandene Bilder zeigen einen großen Krater, in dem Flammen zu erkennen sind. Ob einzelne Spielgeräte noch einsatzfähig sind, ist derzeit unklar.

»Lassen Sie das eine Warnung an alle Ukrainer zwischen zwei und sechs Jahren sein!«, so Konaschenkow zufrieden.

Urmehl aus dem Mais: Archäologen entdecken 2000 Jahre alte Polenta bei Augsburg

Der Postillon

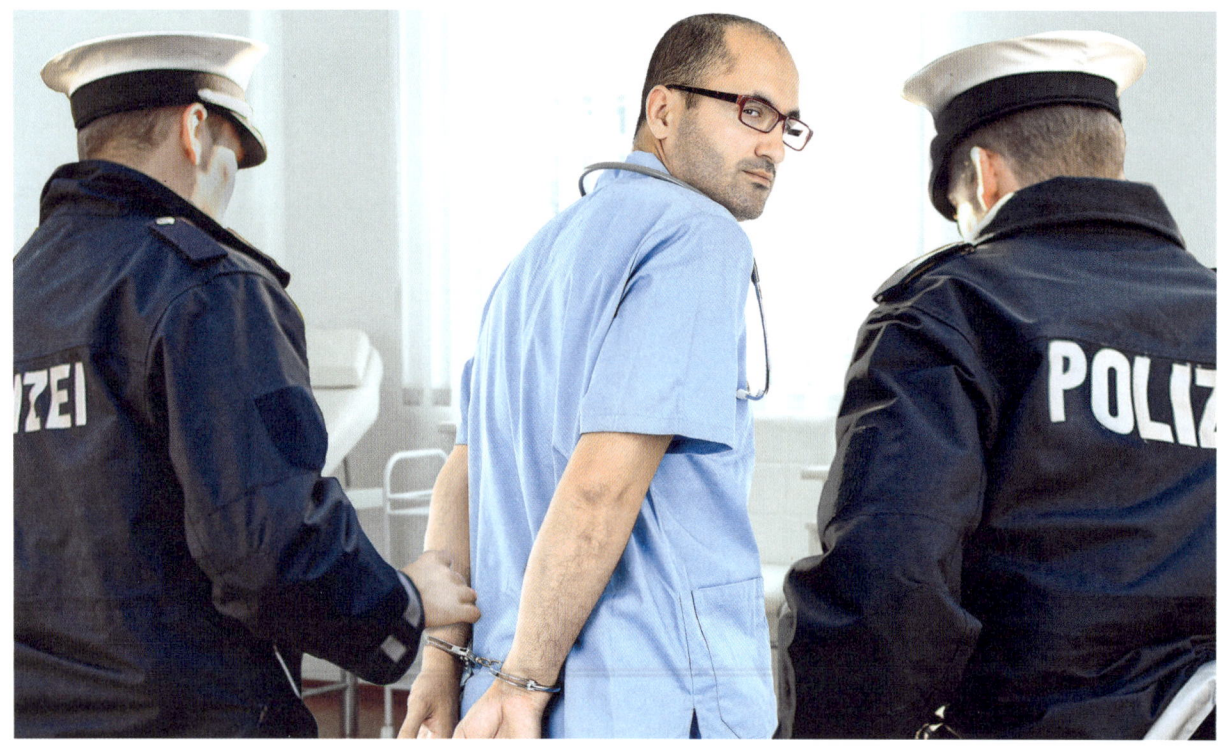

Hat deutlich lesbares Rezept ausgestellt:
Falscher Arzt aufgeflogen

Reutlingen (dpo) – In Reutlingen ist ein falscher Arzt aufgeflogen, der offenbar jahrelang Menschen in seiner Praxis behandelte. Zum Verhängnis wurde ihm eine aufmerksame Patientin, die stutzig wurde, als der vermeintliche Mediziner ihr ein deutlich lesbares handschriftliches Rezept ausstellte.

»Schon als ich das Rezept für meine Augentropfen überreicht bekam, ahnte ich, dass da was nicht stimmt«, berichtet Elena Hertz, mit deren Hilfe der Hochstapler aufflog. »Die Schrift sah sehr ordentlich aus, beinahe wie Schönschrift. Jeder einzelne Buchstabe war hervorragend leserlich.«

Die Gewissheit, dass der Arzt ein Betrüger sein muss, brachte schließlich ein hinzugezogener Apotheker. »Der konnte das Rezept am Anfang fast nicht entziffern, so leserlich war das«, berichtet Hertz. »Dann wollte er wissen, ob ich das selbst geschrieben hätte. Von einem Arzt könne das unmöglich stammen.«

Elena Hertz tut in dieser Situation das einzig Richtige: Sie ruft die Polizei, die dem falschen Arzt Rolf R. nach kurzer Recherche auf die Schliche kommt. Der 40-Jährige muss sich nun wegen Betrugs, Urkundenfälschung und gefährlicher Körperverletzung verantworten, da er Patienten ohne entsprechende Ausbildung behandelte.

Unleserlich schreiben gilt als wichtiger Teil des Medizinstudiums und kann je nach Fachgebiet bis zu vier Semester in Anspruch nehmen.

Wal war gefälscht: Betrugsvorwürfe gegen neuen Greenpeace-Vorsitzenden

»Amateure!« – Schröder wundert sich, warum ihn SPD nicht einfach aus dem Fenster stößt, wenn sie ihn loswerden will

Hannover (dpo) – Was sind das denn für Versager? Nachdem die SPD-Schiedskommission auch in zweiter Instanz entschieden hat, dass Gerhard Schröder in der Partei bleiben darf, zeigte sich der Altkanzler verwundert, warum man ihn nicht einfach aus dem Fenster gestürzt hat, wenn man ihn schon loswerden will.

»Warum blamieren sich diese Amateure in der Öffentlichkeit mit einem erfolglosen Parteiausschlussverfahren, wenn sie doch einfach einen Auftragskiller schicken könnten, der mich in einem günstigen Moment aus einem Fenster im zwölften Stock stößt?«, so Schröder. »So machen das echte Profis. Das könnte ich respektieren.«

Der Altbundeskanzler wirft einen verträumten Blick auf das handsignierte Putin-Porträt an seiner Wand und öffnet eine Flasche Bier. »Oder die hätten mich und meine Frau vergiften können. Oder mich erhängen. Oder mich wenigstens in ein Arbeitslager stecken können.«

»Na ja, vom Olaf und seiner SPD-Gurkentruppe kann man halt nicht mehr erwarten«, sagt Schröder mit einem Achselzucken. »Der ist halt einfach kein lupenreiner Demokrat.«

Stellenabbau bei *Bild*:
Verkommt Deutschlands renommierteste Zeitung jetzt zum unseriösen Bumsblatt?

Berlin (dpo) – Muss Deutschlands meistverkaufte Zeitung jetzt um ihren Ruf als Qualitätsblatt bangen? Nachdem die Verlagsgruppe Axel Springer SE gestern einen massiven Stellenabbau bei *Bild* angekündigt hat, mehren sich Befürchtungen, die Zeitung könnte mittelfristig zum unseriösen Bumsblatt heruntergewirtschaftet werden.

»Es herrschen berechtigte Zweifel, ob das Blatt unter diesen Umständen die gewohnte journalistische Qualität wahren kann«, erklärt Medienexperte Johann Gröber. »Stattdessen ist zu befürchten, dass tiefgreifende Reportagen und intelligente Analysen schon bald dünn recherchierten Texten unter aufmerksamkeitsheischenden Schlagzeilen weichen müssen.«

Auch die Sprache könnte unter dem Stellenabbau leiden: Informative Texte könnten primitiver Lautmalerei, saloppen Ausrufen oder Wortkombinationen wie »Rumms!«, »Bums!«, »Peng!«, »Busen-Bluff«, »Heizungs-Hammer« oder »Heidewitzka!« weichen.

Doch die Befürchtungen der Experten gehen noch weiter: Aufgrund schlechter Recherchekapazitäten könnte die *Bild*-Zeitung nach einem Stellenabbau immer wieder journalistische Standards verletzen, populistisch gegen Minderheiten hetzen, plumpen Kampagnen-Journalismus betreiben und Persönlichkeitsrechte missachten, was zahlreiche Rügen durch den Presserat zur Folge haben könnte.

Auch das preisgekrönte Feuilleton dürfte leiden. Erwarten Leser dort statt kluger Besprechungen zu Kunst und Kultur, Ballett, Theater und Oper bald nur noch Promi-Klatsch und -Tratsch sowie Bilder von leicht bekleideten Frauen?

Noch ist der geplante Stellenabbau nicht durchgeführt. Wird *Bild* zu einer Krawallzeitung verkommen? Oder besinnt sich Springer-Chef Matthias Döpfner noch rechtzeitig und sie bleibt das professionelle, ausgewogene und intellektuelle Medium, das wir alle schätzen und lieben gelernt haben?

Fühlt sich wie ein Rockmusiker: Schottischer Dudelsackspieler

Feuerwehrmann Sam festgenommen:
Hat er alle Brände selbst gelegt?

Pontypandy (dpo) – Ein handfester Skandal erschüttert derzeit die beschauliche walisische Ortschaft Pontypandy: Der dort als Held verehrte Feuerwehrmann Sam Jones steht im Verdacht, Hunderte Brände selbst gelegt zu haben. Offenbar wollte er so sein Image als unerschrockener Brandbekämpfer aufpolieren.

Die Vorwürfe der Behörden wiegen schwer: Mithilfe verschiedener Brandbeschleuniger wie Benzin, Spiritus und Öl soll Jones immer wieder Feuer gelegt haben, um anschließend den Kampf gegen die Flammen zu leiten. Entsprechende Utensilien stellte die Polizei am Wochenende bei einer Hausdurchsuchung sicher.

Wenige Stunden später wurde Feuerwehrmann Sam von Polizist Malcolm vorläufig festgenommen. Bei seiner Ingewahrsamnahme soll er »Heiliger Sankt Florian!« und »Verflixter Funkenflug« ausgerufen haben.

Ins Rollen gekommen waren die Untersuchungen, nachdem die Polizei eine Taskforce gegründet hatte, um herauszufinden, warum es in Pontypandy in den vergangenen Jahren im Schnitt fast zwanzigmal häufiger brannte als im Rest des Landes. Schnell fiel der Fokus der Ermittlungen auf den allseits beliebten Sam Jones, der immer verdächtig schnell zur Stelle war, um die Flammen zu löschen.

Für Millionen Fans des Feuerwehrmanns sind die Anschuldigungen ein wahrer Schock – vor allem bei Kindern war der stets freundliche und positiv gestimmte Sam durch seine zahlreichen erfolgreichen Einsätze außerordentlich populär. Dass ihm nun möglicherweise eine Haftstrafe wegen Brandstiftung in über 200 Fällen droht, können sich die meisten von ihnen kaum vorstellen.

Dabei könnte es für ihren Helden noch schlimmer kommen: Derzeit untersucht die walisische Polizei, ob Sam auch weitere Vorfälle in Pontypandy anzulasten sind – darunter mehrere in Seenot geratene Schiffe sowie rund ein Dutzend Kletterunfälle, bei denen der Verdacht der Sabotage im Raum steht.

Er sucht sie: Mann verlegt Liste mit Kontaktanzeigen

Der Postillon

Als Ausgleich für Hamburger-Hafen-Deal:
China erlaubt Deutschland 24,9 Prozent Beteiligung an Uiguren-Zwangslager

Hamburg (dpo) – Das ist nur fair: Im Gegenzug für die umstrittene Beteiligung Chinas am Hamburger Hafen bekommt Deutschland eine satte Minderheitsbeteilung an einem Uiguren-Zwangsarbeits- und Umerziehungslager in China. Kanzler Olaf Scholz (SPD) signalisierte bereits Zustimmung.

»Wir verstehen das als vertrauensbildende Maßnahme«, erklärte ein Sprecher der Kommunistischen Partei. »Wenn China kritische Infrastruktur in Deutschland erwerben darf, dann darf Deutschland auch kritische Infrastruktur in China erwerben.«

Künftig erhält die Bundesrepublik als Investor einen Teil des Gewinns, den das Lager mithilfe von Zwangsarbeit erwirtschaftet. »Es ist zwar nicht so viel, wie ein Investment in einen großen Hafen wie Hamburg abwirft«, so der Sprecher weiter. »Aber wenn schon deutsche Unternehmen dank ihrer Produktionsanlagen in Xinjinag von Zwangsarbeit profitieren, dann soll das auch der deutsche Staat tun.«

Langfristig stellt China sogar weitere Beteiligungen in Aussicht. So könnte die Bundesregierung bereits ab 2025 Anteile des Hafens von Taipeh auf der chinesischen Insel Taiwan erwerben.

»Schießen Sie los!«: Bankangestellter befragt bewaffneten Räuber nach dessen Wünschen

Der Postillon

Schottergartenbesitzer überrascht Liebste mit selbst gepflücktem Steinstrauß

Köln (dpo) – Kleine romantische Gesten halten die Liebe frisch: Schottergartenbesitzer Harald Gädke aus Köln hat seine Freundin Sabine heute mit einem selbst gepflückten Steinstrauß aus seinem Vorgarten überrascht.

»Hier, mein Schatz, die hab ich selbst für dich im Garten gepflückt«, strahlt Gädke, während er den Strauß überreicht. »Ich hab die schönsten ausgesucht.«

Seine Partnerin staunt. »Ach, wie lieb! Da sind ja sogar Granit und Schiefer dabei! Woher wusstet du, dass das meine Lieblingssteine sind?«

Sie riecht an dem Bouquet: »Das duftet ja herrlich nach Steinen. Und auch ein bisschen nach Abgasen. Oh, ist das ein Zigarettenstummel? Wie originell! Sekunde, ich hole mal eben eine Vase mit Wasser.«

Mit den Liebesgesten für seine Angebetete war es das für Harald Gädke übrigens noch lange nicht: In wenigen Wochen möchte der Hobby-Imker seiner Sabine das erste Glas Steinhonig aus dem Bienenkasten in seinem Garten schenken.

Gädkes Garten:

Auf den Weg gemacht: Mann schafft es nicht mehr bis zur Haustür

Trank nur Wasser, war höflich und verhielt sich unauffällig:

Oktoberfestbesucher fliegt hochkant aus Festzelt

München (dpo) – Was hat so jemand überhaupt auf der Wiesn verloren? Weil ein Mann auf dem Oktoberfest lediglich Wasser trank, höflich blieb und sich allgemein unauffällig verhielt, sah sich das Sicherheitspersonal gezwungen, ihn gewaltsam aus dem Festzelt zu schaffen.

Zuvor war der Mann anderen Gästen, die gerade auf dem Tisch standen und »Oans, zwoa, gsuffa!« grölten, aufgrund seiner Unauffälligkeit negativ aufgefallen. »Der war da einfach nur friedlich rumgesessen und hat niemanden belästigt und war ganz ruhig. Pfui! Wie kann man sich so unmöglich benehmen!«, erklärt eine Besucherin, nimmt einen tiefen Schluck aus dem Maßkrug und erbricht sich dann unter den Tisch.

»Der hat nicht mal jemanden begrabscht oder Layla gefordert oder wenigstens geschunkelt«, ergänzt ein anderer laut rülpsend. »Stattdessen trank er Wasser und war höflich zur Bedienung. So was geht gar nicht. Solche Leute machen das ganze Oktoberfest kaputt!«

Selbst dem hinzugezogenen Sicherheitspersonal gegenüber verhielt sich der Mann trotz mehrfacher Aufforderung, sich dem Anlass angemessen zu verhalten, ausgesprochen höflich.

Als der Mann schließlich auch noch erklärte, er wolle wirklich keinen Ärger machen, und freundlich anbot, freiwillig das Zelt zu verlassen, blieb den Security-Mitarbeitern nichts anderes übrig, als ihn zu packen, gewaltsam durch das Zelt zu schleifen und unsanft hinauszuwerfen.

Um weitere derartige Vorfälle zu vermeiden, erwägen erste Wiesnwirte inzwischen regelmäßige Atemalkoholkontrollen. Wer nach einer halben Stunde noch unter einem Promille liegt, fliegt umgehend.

Wurde ihm in die Schuhe geschoben: Mann hat Lammfellsohle gar nicht geklaut

Exklusiv: Diese Gegenstände wurden bei der Razzia gegen die »Letzte Generation« beschlagnahmt

Es ist die aufsehenerregendste Großrazzia seit über sechs Tagen: An elf Orten im gesamten Bundesgebiet hat die Polizei heute Hausdurchsuchungen bei Mitgliedern der Klimaprotestbewegung »Letzte Generation« wegen Verdachts auf »Bildung einer kriminellen Vereinigung« durchgeführt. Natürlich wurden dabei auch zahlreiche hochgefährliche Gegenstände vorgefunden. Was genau, zeigt die offizielle Liste der Einsatzbehörden, die dem Postillon exklusiv vorliegt:

- 7 Tuben UHU
- 1 großes UHU Nachfüllmagazin
- 5 Fläschchen Lösungsmittel
- 14 Klebestifte Pritt
- 12 Tuben Handcreme für besonders strapazierte Haut
- 1 *Diercke Weltatlas* mit Lesezeichen auf Seite 54/55 »Deutschlands wichtigste Verkehrsstraßen«
- 8 Rettungswesten
- 8 Jutebeutel
- 14 Tüten Maggi Fix Kartoffelbrei
- 20 frische Tomaten (könnten zum Herstellen einer Tomatensuppe verwendet werden)
- 1 Päckchen »Italienische Kräuter« (könnten zum Herstellen einer Tomatensuppe verwendet werden)
- 2 Zehen Knoblauch (könnten zum Herstellen einer Tomatensuppe verwendet werden)
- 1 Salzstreuer (könnte zum Herstellen einer Tomatensuppe verwendet werden)
- 1 Kochbuch (!)
- 1 Riesenposter »Greta Thunberg«
- 4 Museumsführer
- 1 extremistisches Manifest (»Sechster Sachstandsbericht des Weltklimarats IPCC«)
- 93 Waffen, Todeslisten, Putschpläne – ach nee Moment, das war bei den Reichsbürgern neulich.

Hat kleine Sneakerchen gemacht: Arbeiter in Kinderschuhfabrik eingeschlafen

Nach Puma-Desaster:
Bundeswehr will Schützenpanzer künftig bei Adidas bestellen

Berlin (dpo) – Nachdem alle 18 an einer Bundeswehr-Übung beteiligten Puma-Schützenpanzer innerhalb kürzester Zeit ausgefallen sind, gibt es scharfe Kritik an der Beschaffungspolitik der Bundeswehr. Nach einem Krisentreffen im Verteidigungsministerium verkündete Christine Lambrecht (SPD) nun, man werde Schützenpanzer künftig bei Puma-Konkurrent Adidas bestellen.

»So kann es nicht weitergehen, wir sind sehr enttäuscht von den Puma-Panzern«, erklärte Lambrecht. »Wir möchten aber trotzdem weiterhin auf Kettenfahrzeuge aus deutscher Produktion zurückgreifen. Daher haben wir 200 neue Schützenpanzer bestellt – und zwar diesmal bei Adidas.«

Schützenpanzer von Adidas unterscheiden sich von Puma-Schützenpanzern vor allem im Design sowie selbstverständlich im Logo. Anstelle eines stilisierten springenden Pumas haben Adidas-Panzer drei Streifen als charakteristisches Merkmal.

Die Umstellung kostet die Bundeswehr rund sieben Milliarden Euro. Etwa die Hälfte davon fließt in die Finanzierung der neuen Panzer, die andere Hälfte in eine komplette Neuaustattung der Bundeswehr mit Sportbekleidung, weil Verträge mit Adidas stets exklusiv sind.

Selbstfahrender Tesla überfällt Bank und flüchtet über die Grenze

Detroit (dpo) – Schon lange warnen Experten vor den Gefahren künstlicher Intelligenz – nun ist der erste bittere Fall eingetreten: Ein selbstfahrender Tesla hat heute in der US-amerikanischen Stadt Detroit eine Bank überfallen. Anschließend setzte sich das fahrerlose Auto mit der Beute nach Kanada ab.

Augenzeugen zufolge fuhr das Fahrzeug des Typs »Model 3« gegen 14:17 Uhr Ortszeit mit hoher Geschwindigkeit durch die Glasscheibe des Hauptportals der »First Savings & Loan Bank Detroit«.

»Der Tesla überfuhr zwei Wachleute, bevor sie überhaupt ihre Waffe ziehen konnten, und bedrohte dann die Schalterbeamten, indem er mehrfach seinen Motor aufheulen ließ«, erinnert sich eine Kundin, die psychologisch betreut werden muss. »Und dann hat er mit so einer freundlichen Sprachsoftwarestimme den gesamten Tresorinhalt gefordert.«

Obwohl eine Sicherheitskamera den Überfall aufzeichnete, konnte das Fahrzeug nicht einwandfrei identifiziert werden, da eine Feinstrumpfhose über das Nummernschild gespannt war.

Noch bevor die Polizei vor Ort war, verließ der Tesla mit rund 6,7 Millionen Dollar im Kofferraum mit quietschenden Reifen den Tatort.

Nach dem Überfall überquerte das Auto in hoher Geschwindigkeit die Ambassador Bridge in Detroit, die die Vereinigten Staaten mit Kanada verbindet, und entzog sich so den US-amerikanischen Behörden.

Bislang gibt es zwischen den USA und Kanada noch kein Auslieferungsabkommen für kriminelle Fahrzeuge.

Von Tauben beschissen: Statue für naiven Ohrenarzt errichtet

Für Leute, die's herzhaft mögen:

Zuckerwatte endlich auch als Salzwatte, Kümmelwatte und Pfefferwatte erhältlich

Stuttgart (dpo) – Von Volksfesten und Jahrmärkten ist Zuckerwatte nicht wegzudenken. Doch wer es lieber herzhaft statt süß mag, hatte bislang das Nachsehen. Das soll sich nun ändern: Mit Salzwatte, Kümmelwatte und Pfefferwatte will ein Konditor aus Stuttgart für mehr Variation sorgen.

»Eigentlich komisch, dass da vor mir noch niemand drauf kam, das Zeug aus anderen Würzmitteln als Zucker zu machen«, erklärt Manfred Wahls, während er seine Wattemaschine mit frischem Jodsalz befüllt. »Klar, Kinder wollen nix anderes als Zuckerwatte, aber gerade die Eltern möchten doch auch gerne mal was herzhaftes und nicht immer nur diesen Süßkram.«

Kunstvoll wickelt er Salzfäden um einen Holzstock, bis sich ein prächtiger Wattebausch gebildet hat.

»Geschmacklich bildet zum Beispiel Salzwatte das perfekte Gegenstück zur Zuckerwatte«, so Wahls, der sein Produkt bereits an mehrere Unternehmer in ganz Deutschland lizenziert hat. »Hier, kosten Sie mal.«

Unser Reporter beißt ab und verzieht das Gesicht. »Herrlich salzig, oder?«, fragt Wahls. Er holt einen weiteren Wattebausch aus einem anderen Bottich. »Oder hier: Pfefferwatte. Achten Sie darauf, dass die Nase beim Abbeißen fernbleibt, sonst müssen Sie niesen.«

Neben Kümmel-, Pfeffer- und Salzwatte will Wahls mit weiteren Gewürzen experimentieren. Schon im kommenden Jahr will er unter anderem Korianderwatte, Wasabiwatte und Kräuter-der-Provence-Watte anbieten.

Sauerei: Genforscher kreuzen Huhn mit Zitrone

Gedenktag:
Heute vor einem Jahr starben trotz Warnung vom Wendler alle Geimpften

Berlin (dpo) – Ein Jahr ist es her, dass in Deutschland alle gegen das Coronavirus geimpften Menschen gestorben sind. Der letzte von ihnen, Peter Müller (55) aus Chemnitz, schied genau vor 365 Tagen, am 5. Oktober 2021, qualvoll dahin. Dabei hatte mit dem Schlagermusiker Michael »Der Wendler« Wendler eine echte Koryphäe genau davor gewarnt.

»Wir trauern um die mehr als 50 Millionen Menschen, die so plötzlich aus dem Leben scheiden mussten«, erklärte Reichskanzler Bodo Schiffmann bei der zentralen Gedenkveranstaltung in Berlin. »Was zurückbleibt, ist lähmende Trauer, sind quälende Fragen. Fragen wie: Warum hat niemand die Warnungen des Wendler ernst genommen? Wieso wollte ihm niemand Glauben schenken, als er im August 2021 auf Telegram schrieb, dass laut Dr. Coldwell im September die Geimpften sterben?«

Tatsächlich war der Schlagersänger für seine Hinweise ausgelacht und verspottet worden. Als dann ab dem 1. September 2021 die ersten Geimpften plötzlich verstarben, war es zu spät.

Dr. Coldwell selbst versuchte noch auf die flehentlichen Bitten der Bundesregierung hin, so viele Menschen wie möglich zu retten – doch es war vergeblich. Bereits am 30. September waren – wie vom Wendler vorhergesagt – bereits »fast alle Geimpften« tot.

Die Reichsregierung, die inzwischen wiedereingesetzt wurde, nachdem die gesamte Bundesregierung 2021 an der Impfung starb, will den 5. Oktober nun zum Feiertag machen – auf dass das deutsche Volk künftig nie wieder den weisen Rat eines Schlagersängers auf der Flucht vor dem Finanzamt in den Wind schlagen möge.

Gleich umgesetzt: Neue Sitzordnung beschlossen

Der Postillon

Asiatische Winterspiele in Saudi-Arabien:

Das sind die wichtigsten Wettbewerbe

Die Vergabe der Asiatischen Winterspiele 2029 nach Saudi-Arabien sorgt für große Verwunderung. Immerhin gibt es dort weder echten Schnee noch ein Skigebiet. Damit die Spiele trotzdem stattfinden können, werden einige Disziplinen minimal an die örtlichen Begebenheiten angepasst. Der Postillon kennt bereits die wichtigsten Wettbewerbe:

Sandboarden

Post: Schalterbeamter lässt Ganzkörperspiegel anbringen

Die Disziplin Snowboarden erfreut sich üblicherweise großer Beliebtheit. Bei den Winterspielen 2029 in Saudi-Arabien wird sie statt auf Schnee auf Sanddünen ausgetragen.

Öling

Was gleitet noch besser als Eis? Öl natürlich! Deshalb wird die Mannschaftssportart Curling kurzerhand in Öling umbenannt.

Skeleton

Die Sportart Skeleton behält ihren Namen. Allerdings werden die speziellen Skeleton-Rodelschlitten 2029 aus Realismusgründen durch echte Skelette von hingerichteten Regimekritikern ersetzt.

Jemenitischer Grenz-Biathlon

Die Sportart Biathlon bleibt weitgehend unverändert. Lediglich die Strecke führt bewusst entlang der jemenitischen Grenze. Geschossen wird in Richtung Jemen, wo Saudi-Arabien seit 2015 einen völkerrechtswidrigen Krieg führt.

Scheichhockey

Bei welcher Sportart prügeln sich Männer in weißen Gewändern mit Holzschlägern um eine kleine schwarze Hartgummischeibe? Richtig! Beim Scheichhockey!

Wadi-Bob

Eistunnel sind in einem warmen Land wie Saudi-Arabien eher rar. Darum finden sämtliche Bob-Disziplinen in ausgetrockneten Wadis statt. Weil Wadis nur selten ausreichend steil bergab gehen, müssen die Athleten etwas mehr schieben als sonst (ca. 99 Prozent der Zeit).

Saudische Kombination

Im Gegensatz zur Nordischen Kombination handelt es sich bei der Saudischen Kombination lediglich um die Kombination für einen Safe voller Gold. Die Saudische Kombination ist dementsprechend auch keine Sportdisziplin, sondern die Belohnung, die das Asiatische Olympische Komitee unter der Hand erhalten hat, um einem für Wintersport ungeeigneten Land wie Saudi-Arabien mitten in der Klimakrise den Zuschlag für die Winterspiele 2029 zu erteilen.

Hinweis: In allen diesen Disziplinen sind selbstverständlich nur Männer zugelassen. Athletinnen ist es lediglich erlaubt, voll verschleiert auf den Tribünen Platz zu nehmen.

Beil häufig genannt: Axthersteller schaltet erfolgreich Schleichwerbung

Heuchlerin! Greta Thunberg lässt sich von drei Polizisten tragen, statt mit dem Zug zu fahren

Lützerath (dpo) – Das ist mal wieder der Gipfel linksgrüner Heuchelei: Klima-Ikone Greta Thunberg, die immer wieder nachhaltige Infrastruktur fordert, hat sich gestern bei Lützerath ganz bequem von drei Polizisten tragen lassen. Dabei hätte die 20-Jährige genauso gut auf ein deutlich umweltfreundlicheres Fortbewegungsmittel wie den Zug oder ein Fahrrad zurückgreifen können.

Die Reaktionen auf Gretas Protz-Aktion sind vernichtend: »Das ist doch typisch! Wasser predigen und Wein trinken«, beschwert sich etwa Klimaskeptiker und Selberdenker Uwe Reuters. »Denkt die, sie wär Kleopatra? Wie oft wollen uns diese Klima-Eliten eigentlich noch verarschen?«

Tatsächlich haben Wissenschaftler errechnet, dass drei Polizisten auf 100 Kilometer etwa doppelt so viel CO_2 ausstoßen wie ein Zug auf der gleichen Strecke. »Das liegt unter anderem daran, dass die Bahn nicht nur mit Ökostrom fährt, sondern auch deutlich mehr Passagiere fasst als ein unter schwerer Ausrüstung intensiv atmendes Polizisten-Trio«, erklärt Professor Gunnar Tiedemann vom Umweltinstitut in Kiel.

Zudem seien drei Polizisten als Fortbewegungsmittel alles andere als nachhaltig: »Würden sich alle Menschen in Deutschland immerzu von drei Polizisten in der Gegend herumtragen lassen, dann bräuchten wir in Deutschland über 250 Millionen Polizeibeamte. Und das Problem wäre dann noch nicht einmal gelöst, denn die Polizisten wollen sich ja selbst auch fortbewegen, wodurch wir ganz schnell bei 750 Millionen Polizisten wären.«

Greta Thunberg war am Mittwoch für eine Stellungnahme nicht zu erreichen.

Tödliche Ajvarsucht: Kroate erschlägt Nebenbuhler an Hochzeitsbuffet

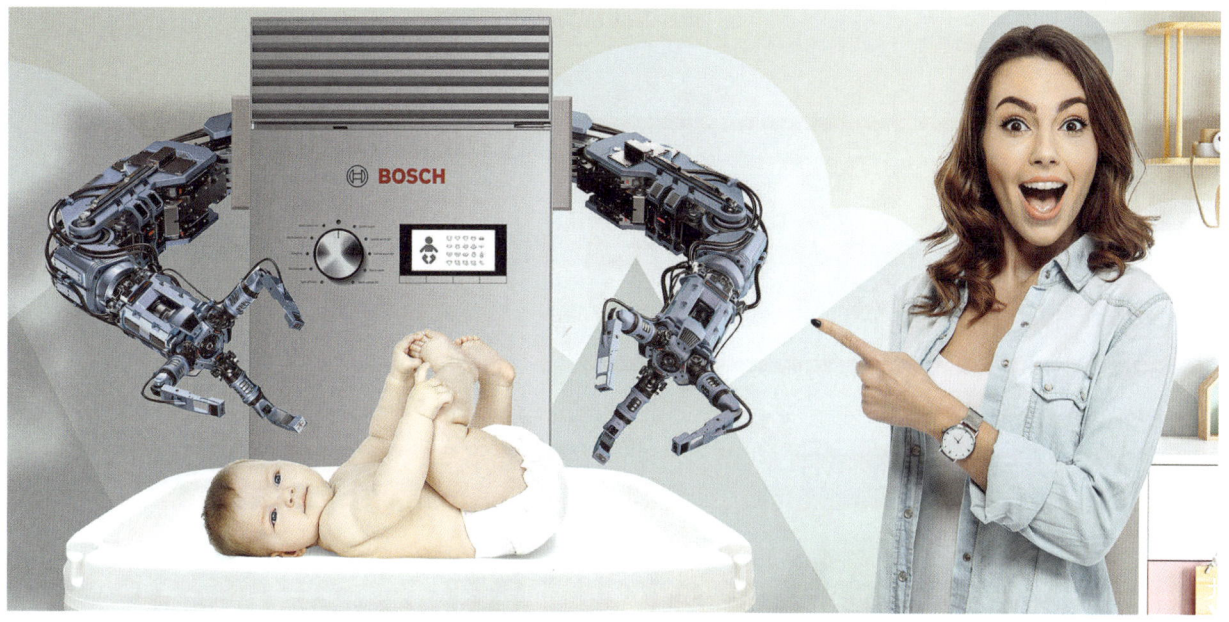

Entlastung für Eltern: Bosch stellt weltweit ersten Babywickelautomaten vor

Stuttgart (dpo) – Gute Nachrichten für Eltern! Der Haushaltsgerätehersteller Bosch hat heute den weltweit ersten Babywickelautomaten vorgestellt. Das Gerät mit dem Namen »Windelmaster 3000«, das rechtzeitig zum Weihnachtsgeschäft auf den Markt kommen soll, ist imstande, Säuglingen im Alter zwischen null und vier Jahren vollautomatisch und in Rekordzeit die Windeln zu wechseln.

»Wir freuen uns, frischgebackenen Eltern endlich ein Stück Freiheit wiedergeben zu können«, erklärt eine Unternehmenssprecherin bei der Vorstellung des Produkts. »Unser vollautomatischer Wickelautomat reinigt und wickelt Babys, egal welcher Form, mit seinen kybernetischen Hydraulikarmen und extrasensitiven Greifzangen in nur 10 bis 30 Sekunden.«

Die Bedienung des Windelmaster 3000 ist denkbar einfach: Man legt das Baby auf die vorgesehene Fläche, wählt eines von fünf Reinigungsprogrammen (Pipi, Kacka, Pipi+Kacka, Durchfall, Pipi+Durchfall), eines von drei Nachreinigungsprogrammen (Pudern, Kremen, Bussi auf den Hintern) sowie die gewünschte Windelsorte und überlässt den Rest der Maschine.

Lediglich Windeln und Feuchttücher müssen etwa alle 30 Wicklungen nachgefüllt und der Benutzte-Windeln-Sack nach Bedarf geleert werden. Entsprechende Signallampen weisen den Nutzer darauf hin.

Mit einem Gewicht von nur 170 Kilogramm ist das Gerät im Kofferraum eines Kombis transportabel und kann auch unterwegs oder zu Besuch eingesetzt werden.

Achtung: Der Hersteller weist darauf hin, dass das Gerät stets auf »Wickeln« und nicht auf »Entkernen« eingestellt sein sollte. Diese Funktion sollte nur für genussreife Avocados verwendet werden.

Firmenangaben zufolge wird das Gerät etwa 2500 Euro in der Anschaffung kosten – ein Preis, den geplagte Eltern sicher gerne bereit sind zu zahlen.

Inneneinrichter: Architekt wäre von Herzen gern Jurist geworden

Der Postillon

RATGEBER

23 Sätze, die man im Flugzeug niemals zum Sitznachbarn sagen sollte

Während Flugreisen herrscht zwischen fremden Sitznachbarn meist höfliches Schweigen. Dabei können Gespräche mit der Person neben Ihnen durchaus kurzweilig und unterhaltsam sein – Sie sollten nur unbedingt darauf achten, diese 23 Sätze unter keinen Umständen zu Ihrem Sitznachbarn oder Ihrer Sitznachbarin zu sagen:

1. »Haben Sie Hunger? Ich habe Harzer Käse und eingelegte Knoblauchzehen dabei.«

2. »Wussten Sie, dass bislang jedes Flugzeug, in dem ich saß, abgestürzt ist? Außer mir gab es nie Überlebende.«

3. »Ich habe etwas Flugangst, dürfte ich während der nächs-

Auf Honshu: Geisha trägt Absätze

Der Postillon

ten drei Stunden Ihre Hand halten?«

4. »Sorry, ischbin totalll besoffn. Hab mit dem Piloten *hicks* vorm Abflug an der Flughafnbar ein Wetttrinken veranstaltet.«

5. »Gucken Sie mal aus dem Fenster. Da wird gerade mein tickender Koffer an Bord gehievt. Was? Hab ich ›tickender‹ gesagt? Nee, ich meinte nur ›Koffer‹, ähähä.«

6. »Oh, fuck, fuck, fuck! Wir fliegen direkt auf eine dicke Wolke zu! Nein! Argh! Puh, gut gegangen. Oh nein! Da kommt schon die nächste!!! Fuck! Fuck!!!«

7. »Wissen Sie, wie man diesen Bordbildschirm auf Pornhub umschalten kann?«

8. Schauen Sie mal! Ich hab mein Handy nicht auf Flugmodus und das scheint tatsächlich die Bordgeräte zu beeinflussen. Wenn ich auf dem Display nach unten wische, dann sinkt die Maschine, und wenn ich nach oben wische, steigt sie. Das macht total Spaß!«

9. »Allahu akbar!«

10. »Wenn es als Bordverpflegung kein Gulasch gibt, randaliere ich.«

11. »Ah, endlich hab ich mal ein paar Stunden Zeit, um meine Fußnägel zu pflegen.«

12. »Nur damit eins klar ist: Die Armlehne gehört MIR!«

13. »Ich hab eine nervöse Blase, aber wollte auch unbedingt am Fenster sitzen.«

14. »Ich mach gleich mal ein Nickerchen. Lassen Sie sich nicht davon irritieren, dass mein Schnarchen klingt wie ein laut schreiendes Baby. Das ist bei mir angeboren.«

15. »Sieht das für Sie auch aus, als würde da draußen beim Triebwerk eine Schraube fehlen?«

16. »Ob das eine gute Idee war, vor dem achtstündigen Flug einen Bohneneintopf zu essen? Wir werden sehen.«

17. »Das hier ist meine Emotional-Support-Tarantel. Wollen Sie sie mal streicheln?«

18. »Ich will ja unbedingt in diesen Mile High Club. Glauben Sie, das reicht auch, wenn man einfach in der Flugzeugtoilette onaniert?«

19. »Fun Fact: Die Notausgänge sind in diesem Flugzeugtyp nur Deko, um Kosten zu sparen. Im Zweifel gibt's eh niemanden, der sich beim Hersteller beschweren kann.«

20. »Ist das normal, dass neben dem Flugzeug eine Boden-Luft-Rakete herfliegt?«

21. »Und? Wieso fliegen Sie nach Pjöngjang, wenn ich fragen darf?« – »Hier. Falls Ihnen langweilig ist, können Sie gerne meinen Bildband *Die grausamsten Flugzeugabstürze* lesen.«

22. »Kann ich Ihre Kotztüte mitbenutzen? Eine hat mir noch nie gereicht. Uh, die halten nur je zwei Liter. Dann bräuchte ich noch mal drei.«

Jetzt aber Bronto: Dinosaurierpark drängt Klonforscher zur Eile

Nach Unfallserie:
Immer weniger Menschen fahren mit der Achterbahn zur Arbeit

Berlin (dpo) – Das Vertrauen ist erschüttert: Nach zwei schweren Achterbahnunfällen innerhalb weniger Tage nutzen immer weniger Pendler die schnellen Schienenfahrzeuge für den Weg zur Arbeit. Zu diesem Ergebnis kam eine Studie im Auftrag des Bundesverkehrsministeriums.

»Wir haben aktuell einen Einbruch von etwa 25 Prozent zu verzeichnen«, erklärt Verkehrsforscher Marco Sommer. »Immer häufiger bleiben ganze Waggons leer.«

Noch im vergangenen Jahr galt die Achterbahn als das viertbeliebteste Fortbewegungsmittel für den Arbeitsweg nach dem Hochrad (Platz 1), der Geisterbahn (Platz 2) und dem Hundeschlitten (Platz 3). Besonders geschätzt wird sie laut Umfragen, »weil man dabei an der frischen Luft ist« (91 Prozent), »weil die Mitreisenden so schön kreischen« (84 Prozent) und »wegen der Loopings« (78 Prozent).

Doch von dieser Euphorie ist nicht mehr viel übrig. In der neuen Studie landet die Achterbahn zwischen »hinten aufm Heuwagen vom Bauern« (Platz 13) und dem Bobbycar (Platz 15) auf dem 14. Rang.

Der Postillon macht den Test, steigt am Freitagmorgen zur Rush Hour in die »Upside Down« in Nürnberg. Unter den Fahrgästen sind nur wenige Geschäftsleute zu erkennen, insgesamt ist die Bahn nicht einmal halb voll. Bis zur Endhaltestelle Würzburg Hauptachterbahnhof steigen lediglich 30 Personen zu, etwa ebenso viele steigen bei Zwischenhalten aus. Stimmung kommt trotz mehrerer rasanter Seitenschleifen, Doppel-Loopings und Beinahe-90-Grad-Abfahrten kaum auf.

Inzwischen fordern immer mehr Stimmen die Politik auf, wieder Vertrauen in das Fortbewegungsmittel Achterbahn zu schaffen. Mit den Grünen gibt es zudem bislang zumindest eine Partei in der Ampel-Koalition, die für die nächsten drei Monate ein 9-Euro-Ticket einführen möchte, um die Fahrgastzahlen zu erhöhen.

Ausgespielt: Polizei verhaftet einarmigen Banditen

Kunstsammler kauft angeklebte Klimaaktivisten für 23 Millionen Euro

Potsdam (dpo) – Es ist wohl einer der spektakulärsten Kunst-Deals des Jahres: Nachdem zwei Mitglieder der Klimaschutz-Protestgruppe »Letzte Generation« im Museum Barberini ein Gemälde von Claude Monet mit Kartoffelbrei bewarfen und sich anschließend an der Wand festklebten, hat nun der US-amerikanische Kunsthändler und Privatsammler Robert Mathieu die beiden Aktivisten für 23 Millionen Euro gekauft.

»Bravo! Bravissimo!«, rief Mathieu begeistert, als er an den beiden unter einem mit Kartoffelbrei bespritzten Monet festgeklebten Aktivisten vorbeikam. »Dieser Ausdruck! Diese Entschlossenheit! Ein postmodernes Happening inmitten ehrwürdiger Meisterwerke! Fabelhaft! Das muss ich einfach haben.«

Das Museum ist derzeit dabei, die Festgeklebten inklusive Wand transportfähig zu machen und in eine Kiste zu packen.

Das Kunstwerk mit dem Namen »Zwei Aktivisten an grauer Wand« soll nun in Mathieus private Sammlung in Miami wandern.

Der Postillon

Polizist hat schon als kleiner Junge davon geträumt, eines Tages Interessen eines umweltzerstörenden Großkonzerns durchzusetzen

Lützerath (dpo) – Ein Kindheitstraum geht in Erfüllung: Polizist David B. aus Düsseldorf hat sich schon als kleiner Junge sehnsuchtsvoll ausgemalt, wie er eines Tages mit Gewalt die finanziellen Interessen eines umweltzerstörenden Großkonzerns durchsetzen würde.

»Endlich! Genau deshalb wollte ich immer Polizist werden«, seufzt B. gerührt, während er eine Demonstrantin routiniert in einen Schmerzgriff nimmt. »Die jahrelange Ausbildung, der Stress – es war nicht umsonst.«

Nachdem er die Frau festgenommen und zwei weitere Demonstranten mit seinem Schlagstock verjagt hat, kommt er ins Erzählen: »Schon als kleiner Junge, mit sieben oder acht, wollte ich später unbedingt einmal die Drecksarbeit für einen gesichtslosen Großkonzern machen, der für seine Profite die Natur und damit auch die Zukunft meiner Kinder zerstört.«

Er weicht einem nach ihm geworfenen Stein aus. »Das alles habe ich natürlich auch der Politik zu verdanken, die mir ermöglicht, das auf Steuerzahlerkosten zu machen, anstatt nur öde Straftaten aufzuklären oder für die öffentliche Sicherheit zu sorgen. Großes Danke nach Berlin und Düsseldorf!«

Anschließend erhebt er seinen Schlagstock und ruft glücklich: »Auf Sie! Für RWE! Für Braunkohle! Lasst uns räumen!«

Aus Cork: Irland-Urlauber bringt Pinnwand als Souvenir mit

Pilotprojekt wegen vieler Bürgerbeschwerden:
Erster unterirdischer Windpark geht in Betrieb

München (dpo) – Immer wieder wird der dringend notwendige Ausbau der Windenergie in Deutschland durch Bürgerbeschwerden ausgebremst. Um solche Komplikationen künftig zu vermeiden, wurde nun bei München der weltweit erste vollkommen unterirdische Windpark eröffnet. Das Pilotprojekt mit dem Namen »Windkraft 21« könnte bundesweit Schule machen.

»Ich geb's ungern zu, aber gerade in Süddeutschland ging es mit der Windkraft aufgrund strenger Abstandsregeln und zahlreicher Bürgerinitiativen bislang nur sehr langsam voran«, erklärte Bayerns Ministerpräsident Markus Söder heute bei der feierlichen Eröffnung in einem riesigen künstlichen Höhlensystem in der Nähe von München. »Das wird sich jetzt dank bayerischer Innovationskraft aber schlagartig ändern.«

Durch die Verlegung der Windkraftanlage unter die Erde wird besonders das Planungsverfahren enorm beschleunigt, weil keine Abstände zu Siedlungen eingehalten werden müssen. »So was lässt sich theoretisch sogar direkt unter einer Großstadt wie München bauen«, so Söder. »Da muss man nur auf die U-Bahn aufpassen.«

Die Tatsache, dass der oberirdische Flächenverbrauch bei unterirdischen Windparks auf nahezu null sinkt, rechtfertigt dabei die erheblich höheren Baukosten. Insgesamt 70 Milliarden Euro verschlang der Bau des in die Tiefe verlegten Windparks, bei dem unter anderem auf Tunnelbau-Expertise aus Baden-Württemberg zurückgegriffen wurde.

»Mehr als ein kleiner Eingang für Techniker zur Wartung der Anlage ist nicht nötig«, schwärmte der CSU-Politiker. »Und Krach machen die Räder auch keinen.«

Schließlich legte Söder den Hauptschalter um und nahm die Anlage in Betrieb. »Mögen die Räder rotieren und viele Megawattstunden Strom erzeugen«, rief er feierlich, gefolgt von einer unangenehm langen Stille, während der sich keines der Windräder bewegte.

»Ja gut, eine Flaute kann's immer mal geben«, so der Ministerpräsident. »So ist das halt bei Windenergie. Trotzdem: super Sache!« Anschließend fuhr Söder weiter, um der Eröffnung von Deutschlands erster unterirdischer Solaranlage beizuwohnen.

Der Postillon

Schlechte Nachrichten für Ukraine: Leopard-2-Panzer sollen mit Deutscher Bahn geliefert werden

Berlin, Kiew (dpo) – Die Freude in Kiew war groß, als bekannt wurde, dass Deutschland nun doch Leopard-2-Panzer an die Ukraine liefern will. Doch wenig später folgte die Ernüchterung: Die Kampffahrzeuge sollen offenbar mit der Deutschen Bahn transportiert werden. Die ukrainische Regierung befürchtet, die Lieferung könnte erst nach mehreren Jahren eintreffen.

»Es klang so schön: Moderne Leopard-2-Panzer aus Deutschland«, seufzt ein Sprecher des ukrainischen Verteidigungsministeriums enttäuscht. »Aber was bringt uns das, wenn wir dabei auf die Deutsche Bahn angewiesen sind? Da können wir auch direkt die weißen Fahnen rausholen.«

Experten rechnen damit, dass ein durchschnittlicher Zugtransport zur östlichen Landesgrenze von rund 24 Signalstörungen, 14 Triebfahrzeugschäden, 21 Überholungen durch einen schnelleren ICE, 12 Streckensperrungen wegen eines Personenschadens sowie 16 Verzögerungen der Weiterfahrt wegen eines Polizeieinsatzes betroffen sein dürfte. Bei heutiger Abfahrt würde die Lieferung somit theoretisch am 24. März 2025 in der Westukraine eintreffen.

Das ukrainische Verteidigungsministerium hat die Bundesregierung inzwischen gebeten, die Panzer nicht mit der Bahn zu liefern, sondern sie lieber direkt in die Ukraine zu fahren, um wertvolle Zeit zu sparen.

Last but not Liszt: Orchester trifft Wahl für finales Musikstück

Nach NFL-Spiel in Allianz Arena:
Tausende Anwohnerbeschwerden wegen zu viel Stimmung bei Polizei eingegangen

München (dpo) – Solchen Krach kennt man hier sonst nicht: Nachdem die US-Football-Liga NFL gestern in der Münchner Allianz-Arena erstmals eines ihrer Spiele austrug, häufen sich die Anwohnerbeschwerden wegen lauter Fangeräusche bei der örtlichen Polizei.

»Seit 15 Jahren wohne ich hier, und wenn der FC Bayern spielt, herrscht normalerweise absolute Ruhe«, erklärt ein Anwohner gegenüber dem Postillon. »Jetzt kommen die Amis mit ihrem komischen Football und plötzlich hört man aus dem Stadion Jubel, Gesänge, Applaus! Das ist doch eine Frechheit! Und das auch noch an einem Sonntag!«

Tatsächlich stand in der Nacht von Sonntag auf Montag das Telefon der zuständigen Polizeidirektion nicht mehr still. »Die meisten beschweren sich, weil sie nicht bei geöffnetem Fenster einschlafen können, wie sie es sonst gewohnt sind«, erklärte ein Polizeisprecher. »Andere fragten, ob in ihrer Nähe plötzlich ein Stadion gebaut wurde, da sie noch nie solche Stimmungsausbrüche gehört haben. Wir müssen sie dann aufklären, dass sie seit Jahren schon nur wenige Hundert Meter von der Allianz-Arena entfernt wohnen.«

Die FC Bayern München AG als Eigentümerin des Stadions entschuldigte sich heute Morgen für den plötzlichen Lärm und schenkte betroffenen Anwohnern als Entschädigung eine Entspannungs-CD mit dem Sound der schönsten FC-Bayern-Heimspiele der letzten Jahre.

Aus Mitleid:
Immer mehr Heimbewohner pflegen überarbeitete Pflegekräfte

Berlin (dpo) – Sie ist zu erschöpft, um selbst zu essen: Altenpflegerin Leonie Kersting (41) kann nur noch hungrig den Mund öffnen. Zum Glück gibt es Irmtraud Schultze. Gekonnt führt die 86-jährige Heimbewohnerin den Löffel zum Mund ihrer Lieblingspflegerin. Sie hat ihr die weißen Kunststoffsandalen ausgezogen und ein Lätzchen über die blaue Arbeitskleidung gebreitet.

»Frau Kersting ist neulich auf dem nassen Boden im Bad gestürzt, als sie gleichzeitig vier Bewohner waschen und sechs weiteren auf die Toilette helfen sollte«, erklärt die patente Seniorin. »Deshalb kümmern wir uns jetzt im Drei-Schicht-System um sie.«

Derartige Szenen spielen sich inzwischen immer häufiger in Deutschland ab: Pflegebedürftige Menschen kümmern sich um ihre vollkommen überarbeiteten und ausgepowerten Pflegekräfte, päppeln sie auf oder füttern sie.

»Wir sehen, dass diese armen jungen Leute einfach nicht mehr können und deshalb versuchen wir, ihnen zu helfen«, berichtet Gernot Pawolliak (91), während er die Beine der ausgebrannten Pflegerin hochlagert. »Meistens reicht es, wenn man sie ein bisschen stützt, ihnen ein wenig die Schultern massiert oder sie daran erinnert, zwischendurch auch mal etwas Wasser zu trinken.«

Das sei auch kein Problem, immerhin kämen auf eine erschöpfte Pflegekraft bis zu acht Senioren: »Das ist ein hervorragender Personalschlüssel. Da können wir uns die Arbeit an den armen Leuten gut aufteilen«, so Pawolliak. »Ich bin froh, dass wir auf diese Weise den Schwächsten unserer Gesellschaft helfen können.«

Auch wichtig: Einfach mal zuhören. »Manchmal hilft es den stark geschwächten Pflegerinnen und Pflegern schon, wenn sie jemanden zum Reden haben. Dann erzählen sie oft von früheren Zeiten, als sie noch voller Optimismus mit ihrem Job angefangen haben«, berichtet Irmtraud Schultze.

Die Zeit vor dem Pflegenotstand kommt den Heimbewohnern zwar wie eine unrealistische fremde Welt vor, in die sich inzwischen bestimmt viel Fantasie gemischt hat, aber zuhören kann man ja trotzdem.

Da ist doch was faul: Gemüse unverschämt billig

Lützerath nur Ablenkungsmanöver:
RWE rodet heimlich Hambacher Forst

Köln (dpo) – War Lützerath von Anfang an nur ein großes Ablenkungsmanöver? Offenbar hat der Energiekonzern RWE die Aufregung um die Räumung des kleinen Ortes genutzt, um heimlich den etwa 500 Hektar großen Hambacher Forst abzuholzen, dessen Rodung Klimaaktivisten 2018 noch verhindern konnten.

»Hahaha! Jetzt schaut ihr alle ziemlich blöd aus der Wäsche«, freute sich RWE-Chef Markus Krebber heute auf einer Pressekonferenz. »Uns ging es immer nur um den Hambacher Forst. In Lützerath ist schon lange keine Kohle mehr zu holen. Das war alles nur Show!«

Um die Umweltaktivisten aus dem Hambacher Forst zu locken, hatte RWE den eigentlich erschöpften Tagebau Garzweiler jahrelang zum Schein weiterbetrieben und eine drohende Zerstörung des Dorfes Lützerath suggeriert.

»Diese komischen Riesenbagger sind alles Attrappen«, lacht Krebber. »Die haben wir von einem Star-Wars-Filmset ausgeliehen. Sogar die Polizei ist drauf reingefallen!«

Nun, da der Hambacher Forst endlich gerodet sei, könne man sofort beginnen, mit den richtigen Maschinen vor Ort Braunkohletagebau zu betreiben.

Für die Umweltbewegung bedeutet diese Finte wohl eine ihrer größten Niederlagen. Dennoch wollen viele Aktivisten weiter in Lützerath ausharren. Zu groß ist die Sorge, dass auch die Behauptung, Lützerath sei nur ein Ablenkungsmanöver, ein Ablenkungsmanöver sein könnte.

Er chauffiert sich: Baron wütend, dass sein Fahrer streikt

Nach heftigem Sturm:
Haus vom Nikolaus eingestürzt

Myra (dpo) – Das ist bitter: Wie heute bekannt wurde, ist bereits am 6. Dezember das Haus vom Nikolaus bei einem heftigen Sturm eingestürzt. Der im türkischen Küstenort Demre (früher Myra) lebende Nikolaus war glücklicherweise nicht zu Hause und ist daher wohlauf. Statiker kritisieren schon lange, dass das Gebäude instabil ist.

»Das war das Haus vom Nikolaus«, erklärt ein Sprecher der örtlichen Polizei und zeigt auf einen Haufen wirr durcheinander liegender Striche. »Komplett kaputt. Da ist keine Linie mehr, wo sie sein soll.«

Der Besitzer des Hauses wurde inzwischen von den Behörden kontaktiert. »Der Nikolaus befand sich nach eigenen Angaben zum fraglichen Zeitpunkt im Ausland, wo er Kindern Süßigkeiten in die Stiefel steckte«, erklärt der Sprecher, bevor er stutzt und einen Blick auf seinen Notizzettel wirft. »Hä? Ok ... Ja, das steht da wirklich.«

Dass der Sturm mit Windstärke 11 das Haus des Nikolauses zum Einsturz brachte, verwundert Statiker nicht wirklich. »Selbstverständlich ist es beeindruckend, dass der Architekt des Hauses vom Nikolaus den Bauplan gezeichnet hat, ohne auch nur einmal den Stift abzusetzen«, erklärt Bauexperte Arin Caner. »Aber das sollte gleichzeitig auch nicht alles sein.«

Auch dass das Haus nur zweidimensional war, ist aus Sicht Caners mehr als fahrlässig. »Da hat der Wind natürlich eine super Angriffsfläche und kann das Haus vom Nikolaus viel leichter umpusten als ein dreidimensionales.«

Bis das Haus vom Nikolaus wieder aufgebaut ist, wird der 1752-Jährige wohl nebenan beim Weihnachtsmann leben müssen.

Schlechte Dichtung: Günter Grass macht sich nass

Großvater erzählt Enkeln vom Jahreswechsel 2019/20, als unsere größte Sorge die Bonpflicht beim Bäcker war

Wiesbaden (dpo) – Wer diese Zeiten nicht durchlebt hat, kann sich das kaum vorstellen: Mit bebender Stimme erzählt Großvater Achim Liedtke seinen gebannt lauschenden Enkeln von der bewegten Zeit um den Jahreswechsel 2019/20, als Deutschlands größte Sorge die Einführung der Bonpflicht war.

»Das ganze Land blickte mit Sorge auf die Prognosen der Experten, die warnten, dass mit der Bonpflicht bald ganz Deutschland unter Thermopapier begraben würde«, erinnert sich Opa Achim mit glänzenden Augen. »Bonpflicht, Bonpflicht, Bonpflicht, es gab einfach kein anderes Thema mehr.«

»Hä? Aber was war mit Corona, Opa?«, will der kleine Emilio (6) wissen. »Da haben die Leute doch viel mehr Angst davor gehabt, oder?« – »Ach, das gab's damals noch nicht«, erwidert Liedtke. »Stattdessen schrieben die Leute auf Facebook und Twitter wegen der Bonpflicht besorgte Kommentare und fragten sich, ob Deutschland jetzt endgültig den Bach runtergeht.«

»Hä? Ich dachte die hätten sicher eher Sorge gehabt, ob das Gas über den Winter reicht«, wundert sich Emilios Schwester Lara (7). »War das denen egal?« – »Nein, wir hatten damals Gas im Überfluss, wir wussten gar nicht, wohin damit. Die Kassenbons waren unsere einzige Sorge.«

»Hä? Aber die Leute haben doch viel mehr Angst vor einem Atomkrieg gehabt, oder?«, wirft Emilio ein. »Atomkrieg?«, entgegnet der Großvater. »Haha, daran hat damals keine Sau gedacht. Angst hatten wir nur vor Kassenbons.«

»Hä? Aber die Inflation, die war doch bestimmt voll schlimm, oder?«, fragt Lara skeptisch, was Achim Liedtke nur ein müdes Lachen entlockt: »Die Inflation war so klein, die hat man gar nicht gespürt. Aber das mit den Kassenbons, das war ein echt kniffliges Problem für viele Verbraucher.«

»Ist ja verrückt«, staunt Lara. »Und wie habt ihr dann dieses Riesenproblem mit diesen Bons am Ende gelöst?« Opa Achim streicht sich nachdenklich übers Kinn: »Hm… Wenn ich mich recht erinnere… Eigentlich haben wir gar nichts gemacht und dann schnell festgestellt, dass das mit den Bons eigentlich gar kein Problem war. Sind ja nur so kleine Zettel, wenn man genau ist. Ja. So war das.«

Das könnte sich rächen: Familienmörder übersieht jüngstes Kind

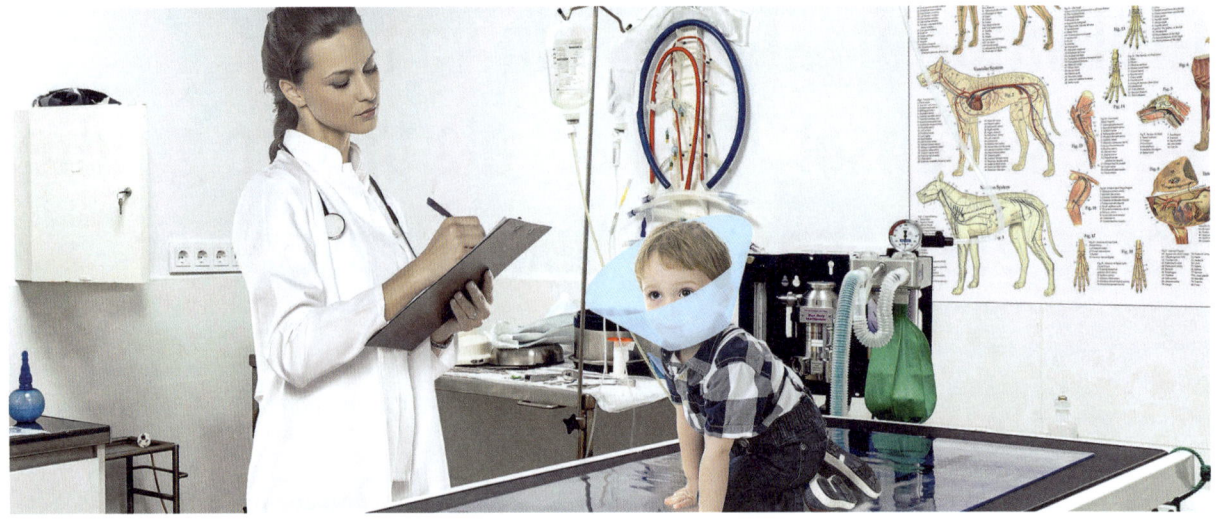

Wegen Überlastung von Kinderkliniken:
Kleintierpraxen dürfen jetzt auch Kinder behandeln

Berlin (dpo) – Aufgrund zahlreicher Atemwegserkrankungen und Fachkräftemangels sind Kinderarztpraxen und Kinderkliniken seit Monaten überlastet. Nun will Gesundheitsminister Karl Lauterbach (SPD) mit einer neuen Regelung Abhilfe schaffen: Künftig sollen auch Kleintierpraxen Kleinkinder als Patienten aufnehmen dürfen.

»Wir haben große Engpässe bei der Versorgung von Kindern«, erklärte Lauterbach gegenüber dem ARD-Morgenmagazin. »Viele Experten sind der Überzeugung, dass wir die Lage kurzfristig nur so entspannen können. Ich bin aber sehr optimistisch, dass unsere Veterinäre das leisten können.«

Tierärzte seien Lauterbach zufolge perfekt geeignet, um Kinder zu behandeln. So hätten sie Erfahrung darin, beißende und kratzende Patienten mit einem beherzten Griff ruhigzustellen, um sie zu untersuchen oder ihnen eine Spritze gegen Krankheiten wie Tollwut, Katzenschnupfen oder Räude zu verabreichen.

»Teilweise könnte es sich sogar lohnen, etwa ein Kaninchen und ein Kind gemeinsam zu untersuchen«, so Lauterbach. »Die halten sich dann gegenseitig beschäftigt und der Veterinär oder die Veterinärin kann derweil in Ruhe zum Beispiel das Fell rasieren, bevor sie eine Platzwunde näht. Halt, Sekunde, bei Kindern heißt das nicht Fell, sondern Haare, glaube ich. Sie wissen jedenfalls, was ich meine.«

Veterinäre sollen außerdem berechtigt werden, jungen Patienten Tiermedikamente zu verschreiben, da diese im Gegensatz zu Fiebersäften für Kinder nicht von Lieferengpässen betroffen sind.

Das Einzige, worauf geachtet werden sollte, ist, dass auf Kleintiere spezialisierte Veterinäre ihre neuen Patienten nicht zu vorschnell einschläfern, falls ein nötiger chirurgischer Eingriff mehr als 300 Euro kosten würde.

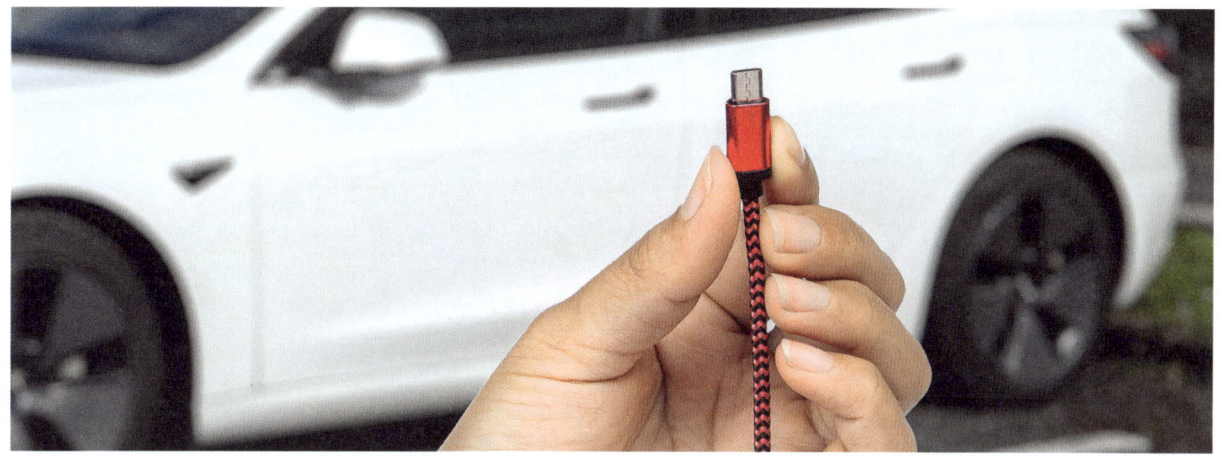

EU stellt klar: Neue USB-C-Ladekabelpflicht gilt auch für Elektroautos

Brüssel (dpo) – In der Europäischen Union kommen ab Herbst 2024 nur noch einheitliche Ladekabel vom Typ USB-C zum Einsatz. Nun hat die EU-Kommission klargestellt: Der neue Standard soll nicht nur für Handys, Tablets und andere Kleingeräte, sondern auch für Elektroautos gelten.

»Ein einheitlicher Standard ist nur dann einheitlich, wenn er ausnahmslos angewendet wird«, erklärt EU-Kommissar Thierry Breton. »Auf dem Automarkt herrscht bei Ladesteckern ein mindestens genauso großes Chaos wie in der Handy- oder Laptopbranche. Mit diesem Wirrwarr ist nun bald Schluss.«

Dabei räumt Breton ein, dass durch die Umstellung voraussichtlich Einbußen in Sachen Ladegeschwindigkeit hingenommen werden müssen: »Aufgrund der Bauart von USB-C wird mit maximal 100 Watt geladen, was je nach Auto eine Ladedauer von 400 bis 800 Stunden bedeutet. Aber dafür können Sie dann ganz bequem Ihr Laptop-Ladekabel mit Netzteil verwenden und brauchen kein zusätzliches Equipment.«

So soll ab 2024 ein typischer Autoladeanschluss aussehen:

In der Automobilbranche regt sich inzwischen erster Widerstand gegen den EU-Beschluss. Viele Hersteller erwägen Berichten zufolge, Autos mit auswechselbaren AAA-Batterien anzubieten, um die Regelung zu umgehen.

Ausdrücklich begrüßt wird die Umstellung hingegen vom Verband Europäischer Tank- und Rastanlagenbetreiber. »Endlich wird etwas gegen den ganzen Ladekabel-Elektroschrott unternommen!«, freut sich eine Sprecherin. »Dafür nimmt man doch gerne in Kauf, bei größeren Fahrten auch mal ein paar Tage länger auf einem Raststättenparkplatz zu verbringen.«

Die Reifenprüfung: Mrs. Robinson kontrolliert Druck bei Dustin Hoffman

Nach IKEA-Vorbild:
Erster Flughafen bietet Kinderbetreuung an, bis die Eltern zurück sind

Frankfurt (dpo) – IKEA hat es vorgemacht – jetzt erobert das Konzept auch die Reisebranche: Als erster Flughafen in Europa bietet der Frankfurter Airport künftig eine kostenlose Kinderbetreuung an. Dabei können sich Kinder von drei bis neun Jahren im betreuten Spielparadies austoben, bis ihre Eltern sie wieder abholen.

»Wir möchten Eltern ermöglichen, am Flughafen in Ruhe ihre Erledigungen zu machen«, erklärte ein Flughafensprecher. »Ganz egal, ob es um einen spontanen Einkauf im Flughafen-Buchladen oder eine längere Auslandsreise geht.«

Bei den rund 275 000 Flugpassagieren, die trotz Corona inzwischen wieder pro Woche in Frankfurt starten und landen, kommt der Service gut an. »Das ist echt super, wenn man seine Kinder mal nicht ständig dabeihaben will«, erklärt Mareike Hofmann, die ihre drei Kinder Louis (3), Fiete (5) und Rebecca (8) gerade abgegeben hat und nun mit ihrem Mann für zwei Wochen nach Griechenland fliegt. »Ich mein, ich liebe meine Kinder, aber so ein Urlaub ist doch einfach entspannter, wenn sich niemand am Strand Muscheln in die Nase steckt und man dann in eine griechische Notaufnahme muss. Und preisgünstiger ist es auch.«

Das Flughafen-Spielparadies beinhaltet neben dem fast schon obligatorischen großen Bällebad eine Mal- und Bastelecke, ein Kino mit Kinderprogramm, eine Hüpfburg und ein Trampolin.

Als Highlight gilt aber das große Fenster, durch das die Kleinen alle Starts und Landungen beobachten können. »Das wird am meisten genutzt«, erzählt Betreuerin Tanja Lech. »Manche starren stunden- und tagelang aus diesem Fenster und wollen bei jeder Landung wissen, ob in der Maschine vielleicht ihre Eltern sitzen. Süß, oder?«

Nachdem Großaquarium platzte:
Berliner Hotel will Gäste mit kostenlosem Fisch-Barbecue entschädigen

Berlin (dpo) – Nach dem spektakulären Totalschaden eines Großaquariums in Berlin hat das Hotel Radisson Blu nun angekündigt, seine Gäste für die Unannehmlichkeiten zu entschädigen. Als erste Wiedergutmachung soll heute im hoteleigenen Restaurant ein kostenloses Barbeque mit erlesenen Fischen und exotischen Meeresfrüchten angeboten werden.

»Es tut uns unendlich leid, was da passiert ist«, erklärte eine Sprecherin von Radisson Blu, nachdem das weltgrößte zylindrische Aquarium in der Nacht zum Freitag platzte und sich eine Million Liter in die Lobby des Hotels ergossen. »Zumindest als kleine Kompensation und um sie auf andere Gedanken zu bringen, wollen wir unsere geschätzten Gäste jetzt mit den edelsten Fischen und Meeresfrüchten verwöhnen. Solche Raritäten findet man selbst in den besten Sternerestaurants nur selten auf der Speisekarte.«

Zu dem Buffet aus gegrillten Köstlichkeiten wird gratis Wasser gereicht, das mit Meersalz und feinen Glassplittern angereichert wurde.

Das Fischbarbecue soll bereits heute Abend in Form eines All-You-Can-Eat-Buffets stattfinden.

Ein geschickter Schachzug: UN sendet Waggons voller Brettspiele in Krisengebiet

Für lose Lagerware: Weltweit erster Löffelstapler vorgestellt

Lexington (dpo) – Der weltgrößte Gabelstaplerhersteller Clark hat heute ein völlig neuartiges Logistikfahrzeug präsentiert: Der sogenannte Löffelstapler wurde speziell für lose Lagerware wie Sand, Getreide oder heiße Suppe entwickelt und soll die Abläufe in Warenlagern deutlich erleichtern.

Herzstück des neuen Clark Spoon Lift ist der große Multifunktionslöffel, der die altbekannte Gabel von herkömmlichen Staplern ersetzt. In ihm können problemlos bis zu 200 Kilogramm Sand oder Kies und bis zu 80 Liter Flüssigkeit transportiert werden.

Für filigrane Arbeiten und kleine Lagermengen kann der Stapler auf einen Teelöffel umgerüstet werden, der feinste Bewegungen ermöglicht. Zudem hilft eine Umrührfunktion bei der korrekten Lagerung und Verarbeitung verschiedenster Materialien.

Die Bedienung des Löffelstaplers ist für geübte Staplerfahrer innerhalb von wenigen Minuten erlernbar. Lediglich das Fahren mit Beladung erfordert etwas mehr Fingerspitzengefühl, damit bei Kurven und Unebenheiten nichts überschwappt. Hierzu bietet Clark jedoch spezielle Lehrvideos an.

Der Optimismus beim Hersteller ist groß: »Während Gabelstapler schon seit Jahrzehnten aus der Logistikbranche nicht mehr wegzudenken sind, erobern wir mit dem Löffelstapler einen noch ganz neuen Markt«, erklärt Clark-Chefentwickler Gary Wenham stolz. »Das bedeutet Millionenabsätze. Aber das ist noch lange nicht das Ende: Derzeit arbeiten wir an einem völlig neuartigen Messerstapler, der Lageristen ganz neue Möglichkeiten bieten wird, mit ihrer Ware zu interagieren. Und auf dem asiatischen Markt werden wir schon bald mit unserem neuen Stäbchenstapler angreifen.«

Der Clark Spoon Lift ist ab sofort für 65 000 Euro erhältlich.

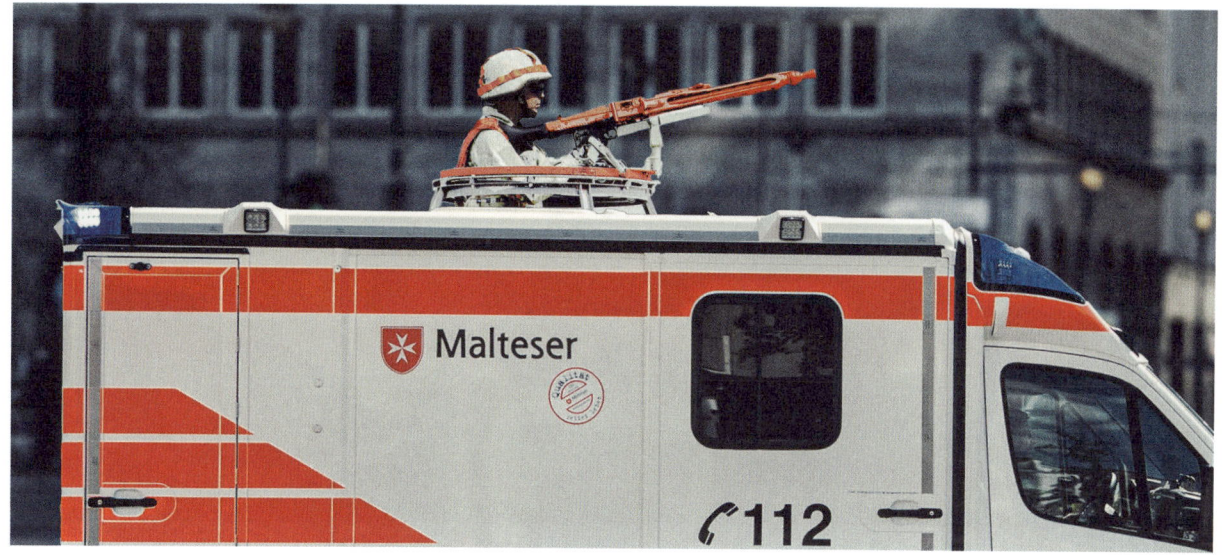

Nach Gewalt gegen Rettungskräfte:
Einsatzwagen werden für nächstes Silvester mit Maschinengewehrturm auf Fahrzeugdach ausgerüstet

Berlin (dpo) – Nach zahlreichen Böller- und Raketen-Angriffen auf Einsatzkräfte in der Silvesternacht reagieren nun die Rettungsdienste: Mehrere Betreiber haben angekündigt, ihre Fahrzeuge für den kommenden Jahreswechsel mit Maschinengewehrtürmen aufzurüsten.

»Anders kommen wir an Tagen wie Silvester leider nicht mehr sicher zu Verletzten durch«, erklärt ein DRK-Sprecher gegenüber dem Postillon. »Mithilfe des MG-Turms können wir uns den Weg zur Unfallstelle freischießen und während der Versorgung von Patienten etwaige Angreifer mit Sperrfeuer in Schach halten.«

Der hochmoderne Maschinengewehrturm verfügt über ein Hauptgeschütz mit Kaliber 20 sowie einen Granatwerfer für Blend- und Rauchgranaten für den strategischen Rückzug, sobald alle Verletzten verladen sind. Ähnliche Modelle sollen auch in den Fahrzeugen von Maltesern, Johannitern, Tempelrittern und dem Arbeiter-Samariter-Bund verbaut werden.

In der Praxis muss allerdings erst noch überprüft werden, ob sich Maschinengewehre auf dem Dach unterm Strich lohnen. Denn da Notfallsanitäter rechtlich gezwungen sind, allen Verletzten zu helfen, könnte es theoretisch vorkommen, dass ein Einsatz niemals endet, weil immer mehr Schusswunden versorgt werden müssen.

Elon Musk eröffnet Mastodon-Account, um Leute wieder zurück zu Twitter zu treiben

San Francisco, Berlin (dpo) – Kann diese Strategie aufgehen? Nachdem zuletzt immer mehr Twitternutzer aus Ärger über Elon Musk zum Konkurrenten Mastodon abwanderten, schlägt der Multimilliardär nun zurück: Heute eröffnete Musk ebenfalls einen Mastodon-Account, um die Leute wieder zurück zu Twitter zu treiben.

»Muahaha! Wollen mal sehen, wie lange sie es hier aushalten«, kichert Musk in sich hinein, während er seinen Account einrichtet. »Die dachten, meine Tweets wären schlimm? Dann werden sie meine … äh … wie heißen die hier? Sicher Mastodon-Tweets oder so.«

Der Anmeldungsprozess gestaltet sich zunächst schwieriger als erwartet. »Welchem Server ich mich anschließen will?«, schnaubt Musk. »Wow ist das alles kompliziert und unintuitiv. Die Leute, die hierher wechseln, müssen mich wirklich hassen.«

Dann hat er es geschafft und setzt seinen ersten Tröt ab. »Helon! Here is Ello! Did you miss me here on Masterbatedone?«, postet er und muss wieder kichern. »Haha, was für geile Wortspiele. Jetzt muss ich nur noch drauf achten, dass ich parallel nichts auf Twitter poste, sonst vergraule ich die Masterbatedone-Flüchtlinge gleich wieder, bevor ich 8 Dollar von ihnen verlangen kann.«

Schließlich beginnt er, im Zehn-Minuten-Takt krude Verschwörungstheorien, schleimige Elon-Musk-Memes und seltsame Witze abzusetzen.

Bei Veröffentlichung dieses Artikels ist die Nutzerzahl von Mastodon von über einer Million Nutzern auf 34 gefallen.

Zugbegleiter: Schaffner assistiert Rauchern

WWF warnt:
Weltweite Papst-Population im Jahr 2022 um 50 Prozent gesunken

Rom (dpo) – Droht eines der seltensten Wesen überhaupt auszusterben? Laut dem World Wildlife Fund WWF ist der weltweite Bestand von Päpsten im vergangenen Jahr um die Hälfte gesunken. Experten fordern nun ein Aufzuchtprogramm, um das Überleben der scheuen Primaten sicherzustellen.

»2022 war katastrophal«, klagt Biologin Angela Sheridan von der Universität Cambridge, die seit Jahren das Verhalten der Päpste erforscht. »Nach dem Tod des vorletzten Männchens sieht es wirklich schlecht für die gesamte Art aus – vor allem, weil Päpste sich ähnlich schlecht oder sogar noch schlechter vermehren als Pandabären.«

Tatsächlich ist es lange her, dass ein Pontifex Maximus – so der lateinische Name – mit Nachwuchs gesichtet wurde. »Wir haben nun bei den italienischen Behörden eine Genehmigung beantragt, um das letzte Männchen in seinem Habitat in Rom mit einem Gewehr zu betäuben und Sperma zu entnehmen«, so Sheridan. »Anschließend könnten wir so in einer Aufzuchtstation bis zu 15 Päpste pro Jahr heranziehen.«

Ob dieses Unterfangen gelingt und schon bald wieder mehr Päpste über Europas Auen springen, wird sich noch zeigen.

Die Grünen: Solarbetriebener Parteispendenautomat nimmt auch 100-Euro-Scheine

Der Postillon

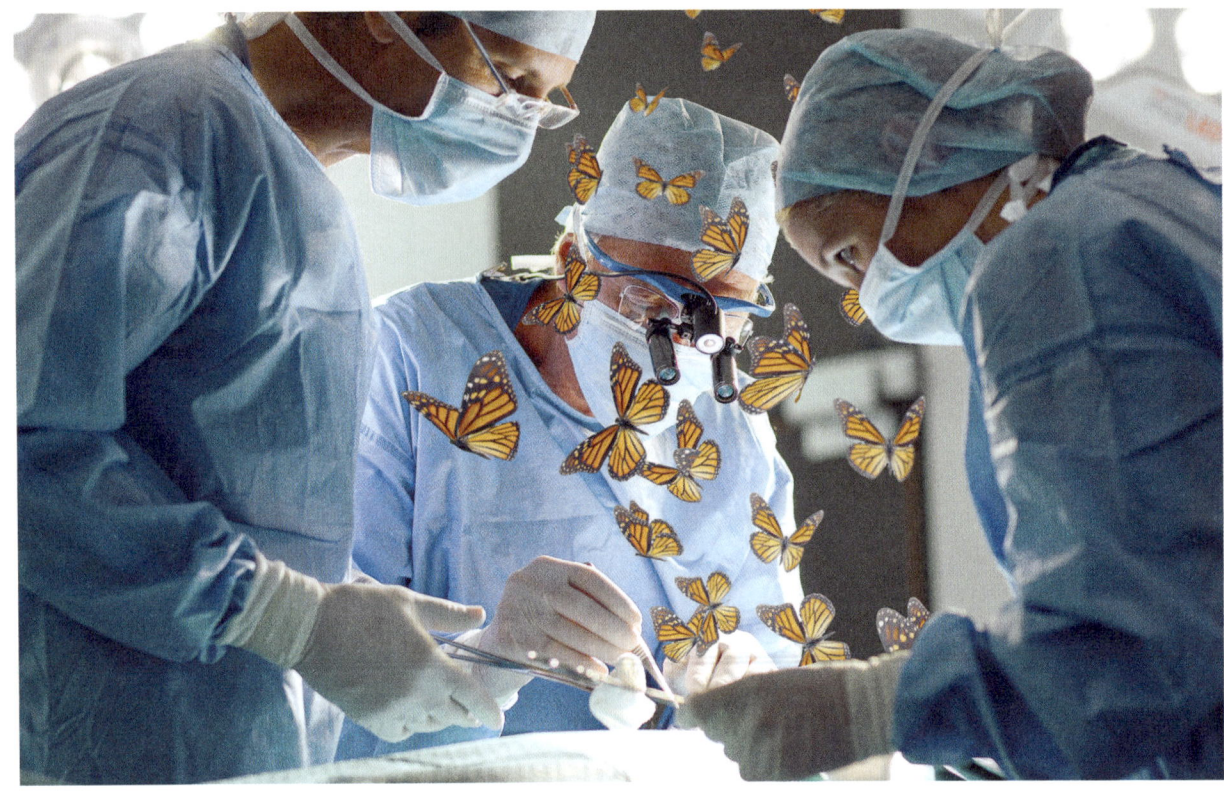

Dörverden (dpo) – Als sich sein Bauch seltsam anfühlte, dachte Tino Sachsbach zunächst, er sei verliebt. Wie falsch der 29-Jährige lag, zeigte sich erst Wochen später, als Chirurgen in einer Not-OP gerade noch rechtzeitig einen Schwarm Schmetterlinge aus seinem Bauch entfernten, bevor die Insekten ihn von innen auffressen konnten.

»Wahnsinn, wie man sich so täuschen kann«, erzählt Sachsbach nach seiner überstandenen OP. Er liegt immer noch im Bett und bekommt Transfusionen

Er dachte, er sei einfach nur verliebt:
Chirurgen entfernen Schwarm Schmetterlinge aus Bauch von Mann

Gehört übers Knie: Unartige Tochter trägt trotz Verbots weiterhin Minirock

Der Postillon

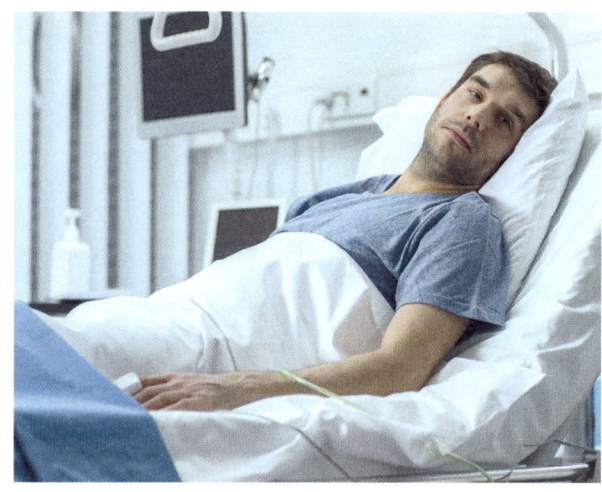

mit Schmetterlingsvernichtungsmittel.

Alles begann vor drei Wochen, als dem Bürokaufmann leicht unwohl war. »Es fühlte sich an, als hätte ich Schmetterlinge im Bauch, und man weiß ja, was das bedeutet: Ich war mir sicher, ich habe mich verliebt.«

Dabei wusste er noch nicht einmal, in wen genau er verliebt war. »Ich habe mich dann natürlich ganz genau umgeschaut. War es meine eine Kollegin, die ich schon immer nett fand? Oder diese eine Bar-Bekanntschaft von neulich? Ich hab total rumgeflirtet, weil ich dachte, na ja, ich dachte, man muss ja was tun, wenn man verliebt ist. Sonst wird man nur unglücklich.«

Dennoch wurde das Gefühl, Schmetterlinge im Bauch zu haben, immer intensiver. »Das kribbelte im Bauch ... ununterbrochen. Das war echt nicht mehr schön«, erinnert sich Sachsbach.

Schließlich ging er zum Arzt. »Die haben mich da auch gleich geröntgt und mir dann eröffnet, dass ich gar nicht verliebt bin, sondern tatsächlich Dutzende Schmetterlinge im Bauch habe. Das war für mich ein richtiger Schock.«

Es folgte eine Notoperation, während der der Schwarm entfernt wurde – und zwar keine Sekunde zu früh. Die Insekten hatten bereits begonnen, erste Organe anzufressen.

Medizinern zufolge ist innerer Schmetterlingsbefall (med. *infestatio papilionum*) wie bei Tino Sachsbach nur äußerst selten, endet aber ohne Behandlung oft tödlich. Meist sind Menschen betroffen, die mit offenem Mund schlafen, denen unbemerkt Raupen in den Rachen kriechen. Diese verpuppen sich schließlich im Bauch und werden zu Schmetterlingen.

Besonders kritisch ist in diesem Fall die hohe Verwechslungsgefahr des Schmetterlingsbefalls mit normaler Verliebtheit. Dabei gibt es einige Symptomunterschiede, die helfen können: Verliebte essen wenig, Menschen mit Schmetterlingen im Bauch entwickeln dagegen plötzlichen Heißhunger auf Laub (Raupenstadium) oder Nektar (Schmetterlingsstadium). Auch das Ausscheiden von Kokonresten kann ein Indiz auf Schmetterlingsbefall sein.

Für Tino Sachsbach ging der Fall glücklich aus – auch wenn er befürchtet, einen Rückfall zu erleiden. »Ist natürlich ein bisschen doof, dass ich ausgerechnet jetzt eine der Krankenschwestern date, nachdem es im Aufwachraum zwischen uns beiden gefunkt hat«, berichtet er. »Aber ich hoffe mal, dass die Chirurgen nichts übersehen haben und es einfach Liebe ist.«

Mit über 200 Sachen: Schmuggler entkommt Polizei

Auch das noch! Julian Reichelt schnupft reflexartig letzte Skipiste weg

Nesselwang (dpo) – Schlechte Nachrichten für Wintersportfreunde! Nicht nur war die Witterung ohnehin schon viel zu warm für ordentliches Skifahren – jetzt hat auch noch Ex-Bild-Chef Julian Reichelt aus einem Reflex heraus die letzte verbliebene Piste weggeschnupft.

Offenbar wollte der ehemalige Boulevard-Journalist, der inzwischen auf YouTube gegen Ausländer, Klimaschutz und alles links der NSDAP hetzt, ein paar Tage Urlaub in den Bergen machen, als er zufällig an einer der letzten durch Schneekanonen erzeugten Skipisten vorbeikam.

»Der hat dann auf einmal ein total glückliches Gesicht bekommen«, erinnert sich eine Skifahrerin, die die Szene beobachtete. »Und dann hat er einfach die komplette Piste weggeschnupft. Ich hätte nicht gedacht, dass so viel weißes Zeug in eine menschliche Nase passt.« Sie selbst habe von Glück reden können, dass sie nicht auch miteingesogen wurde. »Ich konnte mich gerade noch an einem Baum festhalten.«

Nachdem die komplette Skipiste in seiner Nase verschwunden war, soll sich Reichelt geschüttelt und gerufen haben: »Wuhuuuu! Ganz schön kalt das Zeug! Autsch! Brainfreeze!«

Anschließend ging er in eine Après-Ski-Hütte und feierte 72 Stunden durch.

Von Wegen: Dieb behauptet, die Pflastersteine gekauft zu haben

Der Postillon

Alle ihre Ballons wurden abgeschossen:
Aliens, die uns rettende Klimatechnologie schicken wollten, fliegen beleidigt wieder nach Hause

Erdorbit (dpo) – Sie haben es zumindest versucht: Nach mehreren Abschüssen durch das Militär haben die Aliens, die die Menschheit eigentlich mit weltrettender Klimatechnologie versorgen wollten, ihre Mission enttäuscht abgebrochen.

»Verdammt! Wir wussten schon, dass sie nicht die Hellsten sind, aber da ist leider gar kein Durchkommen«, schnaubt Kommandant ›Kbjōpškrm‹, während er mit seinen Tentakeln den Befehl zum Rückzug gibt. »Dann kochen sie eben ihren Planeten. Mir soll's recht sein.«

Zuvor hatte die Mission, die aus dem Epsilon-Eridani-System zur Erde aufgebrochen war, vergeblich versucht, mit mehreren Landungsschiffen Kontakt mit der Menschheit aufzunehmen. Ziel war es, den Menschen Technologien zu vermitteln, mit denen sie die Erderwärmung mühelos hätten umkehren können. Auch das Geheimnis des ewigen Lebens sowie eine Maschine zur unbegrenzten Energieerzeugung hätten die Außerirdischen im Gepäck gehabt.

»Leider haben wir unterschätzt, wie dumm diese Primaten sind«, so ›Kbjōpškrm‹. »Wir haben jetzt schon zwei Generäle und fünf Übersetzer verloren, nur weil die offenbar für ihr Leben gern auf alles schießen, was sie nicht bei drei identifiziert haben.«

Stattdessen fliegt Kommandant ›Kbjōpškrm‹ mit seiner Flotte nun weiter in Richtung des Systems Tau Ceti: »Da gibt es auch einen Planeten mit einer relativ primitiven Spezies mit Problemen. Dann bekommen eben die alle Technologien, die eigentlich für die Erde bestimmt waren.«

Wird keinen Finger mehr krumm machen: Stümperhafter Handchirug geht in Vorruhestand

Einfach nur respektlos! Harry und Meghan bleiben Krönung von RTL-Dschungelkönigin fern

Dungay, Los Angeles (dpo) – Wie oft wollen sie noch provozieren? Bei der Krönung der neuen RTL-Dschungelkönigin Djamila Rowe im australischen Dungay machten sich Harry und Meghan rar. Adelsexperten bewerten ihre Abwesenheit als gezielten Affront.

Während der feierlichen Zeremonie zahlreiche Prominente wie Sonja Zietlow, Steven Gätjen, Lucas Cordalis oder Tessa Bergmeier beiwohnten, suchte man die Gesichter der beiden Skandal-Royals vergeblich – dabei gehört Australien nach wie vor zum britischen Commonwealth. Doch das schien Harry und Meghan egal zu sein.

»Das war ein ganz klares Statement: Vor dieser Krone haben wir keinen Respekt«, so Expertin Jennifer Rombach. »Sie haben diesen Eklat wahrscheinlich gezielt in Kauf genommen, um ihr Image als die Enfants Terribles des Hochadels zu pflegen – mit Erfolg.«

Nicht einmal eine Grußkarte oder eine Erwähnung in ihrer Instagram-Story war dem sonst so lautstark auftretenden Paar die Dschungelkrönung wert.

»Die Entscheidung ging ganz klar von Meghan aus«, verrät ein anonymer Insider aus dem engen Umfeld der beiden. »Sie kann es nicht ertragen, dass Djamila im Rampenlicht steht und jetzt von allen bewundert wird. Harry hatte schon die Flüge gebucht, musste sich dann aber dem Willen seiner Frau beugen.«

Nun wird mit Spannung erwartet, ob die beiden wenigstens zum Großen Wiedersehen am Montag im RTL-Dschungel-Baumhaus auftauchen. Es wäre das Mindeste, um wenigstens einen Teil des angerichteten Schadens wiedergutzumachen.

Hinken hinterher: Orthopädie-Versand stellt Kunden verspätet falsche Artikel zu

Schlangenlinien gefahren: Polizei führt Alkoholkontrolle bei Skifahrer durch

Fichtelberg (dpo) – Im Skigebiet Fichtelberg-Oberwiesenthal ging heute der Polizei ein augenscheinlich alkoholisierter Skifahrer ins Netz. Aufmerksam wurden die Beamten auf den Wintersportler, weil er in Schlangenlinien einen Abhang hinabfuhr.

»Aus Gründen der Pistensicherheit führen wir im Skigebiet regelmäßig auch Verkehrskontrollen durch«, erklärt eine Sprecherin der Polizei. »Dabei fiel den Kollegen ein 39-Jähriger auf, der mit großer Geschwindigkeit den Berg hinabfuhr und dabei immer wieder bedenklich nach links und rechts schwankte.«

Auch soll der Mann bei seiner Abfahrt vom sogenannten »Slalom-Hügel« mehrere Markierungsflaggen gestreift oder umgeworfen haben. »Zum Glück sind die elastisch und richten sich wieder auf. Sonst wäre hier ein teurer Schaden entstanden«, so die Sprecherin.

Eine erste Atemalkoholprobe ergab trotz der augenscheinlichen Beeinträchtigung des Mannes, der sich äußerst uneinsichtig zeigte, einen Wert von null Promille.

Aufgrund seines auffälligen Verhaltens nahm ihn die Polizei jedoch sicherheitshalber mit auf die Wache, wo ihm nun Blut entnommen werden soll, um ihn auf den Konsum anderer Drogen zu untersuchen.

Sollte einer der Tests positiv ausfallen, drohen dem Mann der Entzug des Skiführerscheins sowie drei Punkte in der Pistensünderkartei in Garmisch-Partenkirchen.

Es muss gewartet werden: In der KFZ-Werkstatt ist die Hölle los

Der Postillon

RATGEBER

29 Fakten über Lebensmittel, die du nicht wieder vergessen wirst

Ohne sie wäre Essen nur halb so schön: Lebensmittel. Doch wie viel wissen Sie eigentlich über die Köstlichkeiten, die uns täglich das Leben versüßen oder -salzen? Hier sind 29 spannende Fakten über Lebensmittel, die Sie garantiert nicht wieder vergessen werden:

1. Rosenkohl und Kirschen sind miteinander verwandt und gehören beide zur Familie der Bohnen.

2. Echtes Tiramisu ist immer mit Meerrettich verfeinert.

3. Gulasch schmeckt köstlich.

4. In Finnland gilt der Verzehr des eigenen Kots als unrein, weshalb darauf bei der Zubereitung von Speisen in der Regel verzichtet wird.

5. Das Auge isst mit. Deshalb sollte man sich stets eine kleine (am besten gut durchpürierte) Portion jedes Gerichtes, das man verspeist, unter die Lider reiben.

6. Avocadokerne sollte man stets gut durchkauen, damit sie besser verdaut werden können.

7. Erdnüsse sind keine Nüsse, sondern Erdnüsse.

8. Menschen, die ihren Geruchssinn verloren haben, können in der Regel ihr Essen kaum oder überhaupt nicht hören.

9. Dickmacher machen dick.

10. Äpfel sehen ziemlich genau so aus:

11. Gulasch schmeckt wirklich köstlich!

12. Ein Cheeseburger von McDonalds hat so viele Kalorien wie ein ausgewachsenes Pferd.

13. Im Frühjahr atmen wir so viele Pollen ein, dass wir eigentlich überhaupt nichts essen müssten.

Am Eisen: Golfspieler bemerkt kleine Insekten an seinem Schläger

14. Dass Menschenfleisch wie Hühnchen schmeckt, ist eine düstere Legende. Wie es wirklich schmeckt, muss jeder selbst herausfinden.

15. Für die Gewinnung von Schokoladenmilch wird Schokolade dauerhaft von ihrem Kalb getrennt.

16. Bananen ernähren sich hauptsächlich von Möhren.

17. Genmanipulierte Lebensmittel erkennt man an ihren besonders langen und kräftigen Wimpern.

18. In Ecuador gehören Lebensmittel zu den am meisten gegessenen Speisen.

19. Weltraumnahrung wird in Tuben aufbewahrt, weil sich Astronauten damit die Zähne putzen.

20. Wenn man ein Stück Fleisch über Nacht in Cola einlegt, schmeckt es am nächsten Tag lecker nach Cola.

21. Pustekuchen besteht aus Milch, Mehl, Zucker und Puste und sollte nicht mit Pupsekuchen verwechselt werden.

22. Hitler aß täglich.

23. Die Hundefutterfirma Chappi versuchte in den 80er Jahren, auch in die allgemeine Nahrungsmittelproduktion einzusteigen. Leider verkaufte sich »Chappi Menschenfutter« in Dosen so schlecht, dass die Herstellung bald wieder eingestellt werden musste.

24. Tiefseetaucher ernähren sich hauptsächlich von Plankton und Krill.

25. Stechapfeltee galt den alten Germanen als Medizin für Menschen, die unter mangelnden Halluzinationen litten.

26. Die Hälfte aller Weintrauben auf der Welt werden von Rémi Cordonnier (54) aus Toulouse gegessen.

27. Jede Kultur der Welt hat eine eigene Version von Pfälzer Saumagen.

28. Die Schwarze Witwe verzehrt nach dem Geschlechtsakt ihren Sexualpartner. In Deutschland ist dies allerdings seit 1967 verboten.

29. Hmmmm … Gulasch …

Lädt zum Schnuppertag: Biogas-Anlage wirbt um künftige Auszubildende

G20-Gipfel:
Lawrow lässt Putin entschuldigen und hat als Entschädigung Tee für alle dabei

Bali (dpo) – Es ist eine ungewohnt herzliche Geste auf dem internationalen Parkett: Beim G20-Gipfel auf Bali ließ der russische Außenminister Sergei Lawrow heute Wladimir Putin entschuldigen, der nicht an dem Treffen teilnimmt. Als kleine Wiedergutmachung brachte der Diplomat selbst gekochten Tee für die ganze Runde mit.

»Ganz liebe Grüße aus dem Kreml soll ich ausrichten«, so Lawrow. »Wladimir wäre so gerne hier gewesen, aber er hat aktuell sehr viel zu tun. Sie kennen's sicher: Spezialoperationen, Brückenreparaturen und dergleichen. Aber nehmen Sie als Zeichen seines Wohlwollens einen Schluck von diesem köstlichen russischen Tee erlesener Qualität. Mmmh, wie der duftet!«

Doch die anderen Gipfelteilnehmer hatten offenbar nicht mit dem großzügigen Geschenk gerechnet. »Ah non! Ich vertrage leider überhaupt keinen Tee«, bedauerte etwa der französische Präsident Emmanuel Macron. »Danke, aber ich hatte eben schon einen Liter Tee«, meinte US-Präsident Joe Biden. Der britische Premierminister Rishi Sunak lehnte ebenfalls ab: »Wir Briten mögen Tee nicht so besonders.«

Ähnlich äußerten sich auch der indonesische Staatspräsident Joko Widodo (»Ich habe leider eine Tassenallergie«), Argentiniens Präsident Alberto Fernández (»Meine Religion verbietet mir den Teegenuss«), Brasiliens Präsident Jair Bolsonaro (»Tee ist mir zu pikant«), Indiens Präsident Narendra Modi (»Ich mache gerade Trockenfasten«), Italiens Ministerpräsidentin Giorgia Meloni (»Ich trinke ausschließlich Espresso«), Japans Premierminister Fumio Kishida (»In der japanischen Kultur wäre es eine Beleidigung, dieses Geschenk anzunehmen«), Kanadas Premierminister Justin Trudeau (»Meine Mama hat gesagt, ich darf keinen Tee von Fremden trinken«), Mexikos Präsident Andrés Obrador (»Ich achte auf meine schlanke Linie«), Saudi-Arabiens König Salman ibn Abd al-Aziz (»Ich habe meinen Vorkoster leider nicht dabei«), Südafrikas Präsident Cyril Ramaphosa (»Ich trinke aus ethischen Gründen keinen Sud aus Pflanzenleichen«), Südkoreas Präsident Yoon Suk-yeol (»Sorry, ich muss ganz dringend Pipi«), der türkische Präsident Recep Erdogan (»Ohne Kekse trinke ich keinen Tee«), Chinas Präsident Xi Jinping (»Ich setze aus wie besprochen, zwinker«) sowie Bundeskanzler Olaf Scholz (»Den Genuss von Heißgetränken muss ich erst mit meinen Koalitionspartnern abklären«).

Enttäuscht packte Lawrow anschließend die Teekanne wieder zurück in ihre luftdichte Hochsicherheitsbox. »Okay, wenn Sie nicht wollen! Es war nur nett gemeint.«

Inzwischen versucht der russische Außenminister Beobachtern zufolge, einzelne Staatsoberhäupter unter einem Vorwand (»Brauchen Sie nicht auch dringend frische Luft? Sie wirken so blass!«) in die Nähe eines geöffneten Fensters zu locken.

Kauf hat sich gelohnt:

Katze spielt schon seit Stunden mit Karton von dreistöckigem Katzenkletterparadies

Heilbronn (dpo) – Diese Anschaffung war ein voller Erfolg: Eine Hauskatze aus Heilbronn spielt bereits seit drei Stunden voller Begeisterung mit dem großen Karton, in dem heute ein neues aus Edelholz handgefertigtes dreistöckiges Katzenkletterparadies angeliefert wurde.

»Wir haben im Vorfeld echt überlegt, ob wir wirklich 450 Euro für so einen großen Katzenbaum für unsere Luna ausgeben wollen«, erklärt Halterin Sina Lorenzen. »Aber wenn ich jetzt sehe, wie zufrieden und glücklich sie in dem Karton herumklettert, Vorbeigehende durch ein Loch in der Seite attackiert und sich über das raschelnde Verpackungsmaterial freut, weiß ich: Wir haben genau die richtige Wahl getroffen.«

Der ausgepackte und aufgebaute Katzenbaum steht derweil unbenutzt herum. »Ja, wenn wir sie da draufsetzen wollen, dann faucht sie nur immer und versucht wegzukommen, damit sie wieder in ihren Karton kann«, so Lorenzen. »Wir lassen ihr jetzt mal lieber ihren Willen.«

Notfalls könne man die Konstruktion immer noch als extravaganten Garderobenständer verwenden, so die zufriedene Katzenhalterin.

Hat nicht viel geholfen: Rettungssanitäter fällt durch Motivationsseminar

Hoffnung für die Ukraine? Papst will Putin treffen

Rom, Moskau (dpo) – Das haben dem Papst wohl nicht viele zugetraut: Bereits vor Monaten hat Franziskus I. überraschend verkündet, er wolle Wladimir Putin in Moskau treffen. Während einige den radikalen Entschluss begrüßen und hoffen, dass durch ein päpstliches Attentat auf den russischen Präsidenten der Krieg in der Ukraine ein baldiges Ende finden wird, sorgen sich andere um die Folgen.

Fakt ist: Das Vorhaben des Papstes ist schon jetzt historisch. »Noch nie zuvor in der Geschichte des Heiligen Stuhls hat ein Kirchenoberhaupt öffentlich ein Attentat auf einen Staatschef angekündigt«, erklärt Kirchenhistorikerin Annette Vlies-Delaney. »Immerhin gilt die katholische Kirche als geistliche Instanz und greift sonst eher auf die Macht des Gebetes zurück, als derart knallhart in die Politik einzugreifen.«

Dabei erscheint fraglich, ob ein erfolgreiches Attentat auf Wladimir Putin durch Papst Franziskus überhaupt das erwünschte Ergebnis brächte. Russlandexperten, Militärhistoriker und Staatsrechtler zeigen sich hier unsicher.

»Der plötzliche Verlust seines Präsidenten würde Russland natürlich erst mal ins Chaos stürzen«, erklärt Postillon-Moskau-Korrespondent Sören Ustov. »Aber ob es wirklich dem Weltfrieden dienlich ist, wenn das Oberhaupt der katholischen Kirche eiskalt den Staatschef tötet ... Da vermag ich keine Prognose abzugeben. Es könnte genauso gut sein, dass auf Putin der nächste Hardliner folgt und auf Rache aus ist.«

Nicht wenige fürchten, dass ein Angriff des ranghöchsten Katholiken ausgerechnet im russisch-orthodoxen Kerngebiet als zusätzlicher

Affront gesehen würde. Der Graben zwischen Ost und West könnte sich dadurch sogar noch vergrößern.

Die Ankündigung des Papstes, Putin treffen zu wollen, wirft weiterhin zahlreiche Fragen auf: Womit will Franziskus Putin treffen? Will er mit einem Scharfschützengewehr auf einem Dach lauern und im richtigen Moment abdrücken wie auf unserem Symbolbild oben? Plant er, mit einer Pistole das Feuer aus nächster Nähe zu eröffnen und Putin dabei so oft wie möglich zu treffen? Oder greift er als Mann der Heiligen Schrift gar zu einer biblischen Waffe wie etwa einer Steinschleuder, wie sie David im Kampf gegen den Riesen Goliath verwendet hat? Hat der Papst bereits einen Plan für den Fall, dass er Putin zwar trifft, aber nur verwundet? Hat Franziskus bereits Pläne für seinen anschließenden Rückzug? Oder riskiert er eine Verhaftung und möglicherweise Jahre der Gefangenschaft in einem Lager in Sibirien?

Passt ein kaltblütiger Mord überhaupt zu Franziskus? Auch, wenn Putin unbestritten schwere Schuld auf sich geladen hat, widerspricht der Plan, ihn zu treffen, dem sonst eher milden und friedliebenden Kurs des Papstes. Vatikankenner hätten eine solche Aktion eher Franziskus' Vorgänger Benedikt XVI. zugetraut.

Auf diesem Foto von 2019 schien das Verhältnis von Putin und Franziskus noch herzlich zu sein. Damals wäre es Franziskus wohl ein Leichtes gewesen, den russischen Präsidenten sogar aus kürzester Distanz zu treffen.

Hinzu kommt, dass Putin eine der bestbewachten Personen auf dem Planeten ist. Wie will Franziskus in seine Nähe kommen, um ihn zu treffen? Seine freimütige Ankündigung dürfte sein Vorhaben zusätzlich erschweren, da Putins Leibgarde nun vermehrt nach bewaffneten 85-Jährigen Ausschau halten wird.

Der Postillon hat all diese offenen Fragen in Form eines Fragenkataloges an die Pressestelle des Vatikan geschickt. Bislang erreichte uns keine Antwort. Auch zur Frage, ob der Papst möglicherweise bereits in Richtung Moskau abgereist ist, gibt es keine Stellungnahme. Zumindest hier scheint man im Vatikan dazugelernt zu haben und lässt sich nicht mehr so leicht in die Karten schauen.

Markierungsarbeiten: Straßenbauarbeiter geht Gassi mit seinem Hund

Kurze Skianzüge auf künstlich beschneiten Pisten immer beliebter

Schwangau (dpo) – Dass die Winter wegen des Klimawandels immer milder werden, wirkt sich auch auf die Skimode aus: Auf vielen künstlich beschneiten Pisten kann man inzwischen immer öfter Wintersportler beobachten, die kurze Skianzüge tragen.

»Ich hab's erst mit meinem alten Skianzug probiert«, erzählt etwa Theresa Probst (27), während sie auf einer Skipiste im bayerischen Schwangau ihre Arme und Beine mit Sonnencreme einschmiert. »Aber da hab ich geschwitzt wie noch mal was. Das ging gar nicht. Deshalb hab ich mir jetzt auch einen kurzen Skianzug gekauft. Schick, oder?«

Kurze Skianzüge sind eine Weiterentwicklung des klassischen Skianzugs. Sie enden in der Regel oberhalb der Knie und Ellbogen und sorgen so dafür, dass das Skifahren bei Temperaturen von deutlich über 10 Grad auf künstlich beschneiten Hängen erträglich ist.

Viele Modelle sind zusätzlich in noch kürzeren Schnitten im Stil von Hotpants oder Muscle-Shirts sowie bauchfrei erhältlich.

Sollte der aktuelle Temperaturanstieg in Deutschland die nächsten Jahre anhalten – und davon ist auszugehen –, dann erwarten Experten, dass ab 2028 Frauen gezwungen sein könnten, auf einen sogenannten »Skikini« umzusteigen, während Männer in »Sking-Tangas« die Pisten hinabwedeln.

Chica, go: Nordamerikaner schickt Latina nach One-Night-Stand weg

Der Postillon

Wagenknecht, Schwarzer und Putin fordern Ende deutscher Waffenlieferungen an Ukraine

Berlin (dpo) – Lässt sich die Eskalationsspirale so durchbrechen? Linken-Politikerin Sahra Wagenknecht, Autorin Alice Schwarzer und Russlands Präsident Wladimir Putin haben heute in einem gemeinsamen Aufruf das Ende der deutschen Waffenlieferungen in die Ukraine gefordert. Dazu stellten die drei eine Petition mit dem Titel »Manifest für den Frieden« vor.

»Präsident Selenskyj macht aus seinem Ziel kein Geheimnis«, heißt es in der Petition. »Nach den zugesagten Panzern fordert er jetzt auch Kampfjets, Langstreckenraketen und Kriegsschiffe – um Russland auf ganzer Linie zu besiegen?«

Zudem, heißt es in der Petition weiter, sei »zu befürchten, dass Putin spätestens bei einem Angriff auf die Krim zu einem maximalen Gegenschlag ausholt. Geraten wir dann unaufhaltsam auf eine Rutschbahn Richtung Weltkrieg und Atomkrieg?«

Daher fordern die drei Initiatoren in ihrer Petition »den Bundeskanzler auf, die Eskalation der Waffenlieferungen zu stoppen. Jetzt!«

Zusätzlich riefen Schwarzer, Wagenknecht und Putin für den 25. Februar zu einer Friedenskundgebung am Brandenburger Tor auf, um weiteren Druck auf die Regierung auszuüben.

Unke fair: Kröte ignoriert circa 100 Fliegen

Neuer Trend:
Immer mehr Esoteriker lassen sich die Aura piercen

Berlin (dpo) – Es ist der neueste Trend in Sachen Astralkörperschmuck: Immer mehr esoterisch interessierte Menschen lassen sich Piercings in ihre Aura stechen. Der ungewöhnliche Look zeigt, dass man nicht nur spirituell erwacht, sondern auch spirituell cool ist.

»Ja, also, das ist natürlich nur etwas für spirituelle Menschen mit einer sehr kräftigen Aura«, erklärt Tatjana Wölden. Sie unterhält ein Aura-Piercing-Studio in Berlin Mitte. »Bei so Normalos, die gar keine Beziehung zu ihrer Aura und zu ihren Chakren haben, würde das Piercing gar nicht halten, sondern einfach runterfallen.«

Insgesamt sticht die 48-Jährige pro Tag etwa 20 Piercings in verschiedene Stellen der Aura ihrer Kundinnen und Kunden.

»Am Anfang steht natürlich immer ein Beratungsgespräch«, so Wölden. »Da muss alles geklärt werden. Welches Sternzeichen hat der Kunde? Welchen Aszendenten? Pendelt die Person vor wichtigen Entscheidungen? Was war die Person in einem früheren Leben? Wie reagiert man auf Klangschalen? Wenn man das nicht richtig macht, dann kann sich die Aura an der gepiercten Stelle entzünden und das kann sehr schmerzhaft sein. Und schlecht fürs Karma.«

Die Piercings bestehen in der Regel aus speziellen Materialien wie bei Mondlicht geschmiedetem Silber, Orgonit oder Bergkristall. Der Preis für eines dieser hochkomplexen Piercings liegt bei etwa 400 Euro.

Tatjana Wölden ist nicht die Einzige, die sich mit ihrem Angebot speziell an die esoterische Community richtet. So können sich spirituell veranlagte Menschen, die die geistige Welt nur noch verschwommen wahrnehmen, bereits seit 2019 in Stuttgart das dritte Auge lasern lassen. Wer eher auf Ästhetik bedacht ist, kann sich bei der esoterischen Schönheitsklinik Berlin-Spandau einem Wurzelchakrenbleaching unterziehen.

Bier wird Schal: Zauberer braucht ewig für Verwandlungstrick

Rettungseinsatz für U-Boot »Titan«:
EU-Küstenwache total baff, wie viel Aufwand man betreiben kann, um Menschen in Seenot zu retten

Neufundland, Athen (dpo) – So was geht wirklich?? Die Küstenwachen zahlreicher EU-Länder sowie die EU-Grenzpolizei Frontex haben heute die groß angelegte Suchaktion für die vermisste Besatzung des U-Boots »Titan« überrascht und schockiert zur Kenntnis genommen.

»Moment mal, man kann Menschen in Seenot einfach ohne Verzögerung und mit allen Mitteln zur Hilfe eilen?«, fragt etwa ein Sprecher der griechischen Küstenwache verwirrt. »Ich dachte, wenn Boote in Not geraten, macht man höchstens ein paar Fotos aus der Luft und zieht sich dann zurück, um diese ganze lästige Rettungsarbeit nicht machen zu müssen.«

Dass aktuell sowohl zivile als auch staatliche Stellen keine Kosten und Mühen scheuen, um die fünf vermissten U-Boot-Fahrer ausfindig zu machen, sorgt offenbar für Verwunderung.

»Das ist ja wirklich erstaunlich«, so der Sprecher weiter. »Und was machen sie, wenn sie sie gefunden haben? Ziehen sie dann in ein anderes Hoheitsgewässer, um sich nicht weiter mit ihnen abgeben zu müssen, so wie wir das tun? Oder helfen die dann etwa wirklich? Ach, die wollen wirklich helfen? Das ist ja allerhand!«

Doch das Vorgehen der nordamerikanischen Retter stößt bei den europäischen Kollegen auch auf Kritik: »Nachhaltig ist das nicht, wenn man diese fünf jetzt aus dem Wasser fischt«, erklärt der Sprecher. »Das sorgt nur für falsche Anreize. Dann begeben sich doch nur noch mehr Milliardäre mutwillig in Seenot. Einfach nur unverantwortlich!«

Um Solidarität zu zeigen:
Selenskyj besucht Deutschland nach ESC-Niederlage

Berlin (dpo) – Es ist ein starkes Zeichen der Solidarität in dunkler Stunde: Nach der bitteren Niederlage Deutschlands beim Eurovision Song Contest hat der ukrainische Präsident Wolodymyr Selenskyj am Wochenende Berlin besucht. Er ist der erste Verbündete, der sich nach der ESC-Katastrophe in die deutsche Hauptstadt traut.

»Ich bin hier, um dem deutschen Volk zu zeigen, dass es in dieser schweren Zeit nicht alleine ist«, erklärte Selenskyj bei einem gemeinsamen Auftritt mit Bundeskanzler Olaf Scholz. »Deutschland ist einer unserer wichtigsten Verbündeten und wir werden helfen.«

Unter anderem stellte Selenskyj direkte musikalische Unterstützung in Aussicht, um Deutschland vor weiteren Niederlagen zu schützen. »Wir liefern in den nächsten Monaten Kompositionen, Kostüme und Stimmgabeln im Wert von 2,9 Milliarden Euro an Deutschland«, versprach Selenskyj. Außerdem bot er an, dass deutsche Sänger in die Ukraine kommen dürften, wo sie direkt am Mikrofon ausgebildet werden.

Die Ukraine, die den Eurovision Song Contest 2022 gewann und im diesjährigen Wettbewerb den 6. Platz ergatterte, gilt als eine ESC-Großmacht. Experten erwarten von den ukrainischen Hilfen zwar keine Wunder. Die meisten von ihnen sind aber optimistisch, dass Deutschland mit den neuen Ressourcen beim nächsten Eurovision Song Contest den drittletzten oder gar viertletzten Platz zurückerobern könnte.

Nach seinem Solidaritätsbesuch in Deutschland reiste Selenskyj direkt nach Großbritannien weiter und traf sich mit Premierminister Rishi Sunak, um auch dem ESC-Vorletzten Trost zuzusprechen.

Dürfen am Riesenslalom nicht teilnehmen: IOC disqualifiziert sieben Zwerge

Nach Obst- und Gemüsemangel durch Lieferschwierigkeiten:
Briten gezwungen, furchtbar fettig und ungesund zu frühstücken

London, Sheffield (dpo) – Wegen anhaltender Lieferschwierigkeiten ist in britischen Supermärkten Obst und Gemüse rar – mit schlimmen Folgen: Immer mehr Briten sind gezwungen, zum Frühstück etwa ein Pfund in Butter angebratenen Speck, Eier, Würstchen sowie Baked Beans aus der Dose zu essen – von frischen Zutaten und Vitaminen keine Spur!

»Da kann man leider nichts machen«, seufzt etwa Liam Hutchinson aus Sheffield, während er sich ein vor Fett triefendes Stück Speck in den Mund schiebt und zu einer Scheibe Toastbrot greift. »Ich hätte ja wirklich gerne einen frischen Obstsalat oder ein paar knackige Gemüsesticks gegessen, aber das ist derzeit einfach nicht zu bekommen.«

Wie Hutchinson geht es derzeit Millionen Briten, die gerne ein gesundes, ausgewogenes Frühstück zu sich nehmen würden, nun aber gezwungen sind, stattdessen mit fettigen und ungesunden Speisen in den Tag zu starten.

Der Mangel an frischen Alternativen betrifft selbstverständlich nicht nur das Frühstück: Auch zu anderen Mahlzeiten sehen sich die geplagten Briten inzwischen gezwungen, auf Fish and Chips, Shepherd's Pie oder Black Pudding zurückzugreifen.

Fuckworkhouse: Engländer hält altes deutsches Gebäude für Bordell

Ist es Rache? Bahnmitarbeiter verwüsten Arbeitsplatz von Fußballfan

Kiel (dpo) – Sie haben die Faxen offenbar dicke: In Kiel ist eine Gruppe von Bahnmitarbeitern in ein Bürogebäude eingedrungen und hat dort den Arbeitsplatz eines Fußballfans komplett verwüstet. Derartige Vorfälle häufen sich in letzter Zeit auf dem gesamten Bundesgebiet.

»Die kamen plötzlich grölend rein und haben angefangen, den Schreibtisch vom Janosch zu verwüsten«, erzählt ein schockierter Kollege, der die Szenen mitansah. »Der stand einfach nur entsetzt da und schaute ungläubig zu, wie sie seinen Monitor runterwarfen, die Tastatur zertrümmerten, Zigarettenkippen auf dem Tisch ausdrückten und mit Bier rumspritzten.«

Dazu grölten die Bahnmitarbeiter aus voller Kehle Sprechchöre wie »HIER REGIERT DIE DEUTSCHE BAHN!!« oder »Tschu! Tschuuuuuuu!«.

Dann verließen die Angreifer das Bürogebäude wieder, als sei nichts gewesen, nachdem ein weiterer Uniformierter, der offenbar Schmiere gestanden hatte, ein kurzes Trillerpfeifensignal von sich gab.

Dem Postillon ist es gelungen, mit einigen Bahnmitarbeitern, die an solchen Überfällen beteiligt sind, zu sprechen. Auf die Frage, ob es sich bei den Aktionen um gezielte Rache handelt, weil Fußballfans in der Vergangenheit immer wieder in Zugabteilen randaliert haben, antwortete eine Bahnmitarbeiterin: »Ach, braucht man jetzt plötzlich auch noch einen guten Grund, wenn man den Arbeitsplatz von jemandem verwüstet? Das ist ja interessant!«

Ein schlechtes Gewissen angesichts des Chaos, das sie hinterlassen haben, scheint sie allerdings nicht zu plagen: »Pfff! Uns doch egal!«, meint ein Zugbegleiter. »Wir wollen nur ein wenig Spaß haben. Das wird schon irgendwer wegräumen!«

»Es gibt Seuche und Seuche«: Epidemiologe differenziert

Mann brennt sein Haus nieder, um keine Grundsteuererklärung ausfüllen zu müssen

Kassel (dpo) – Es war notwendig: Wenige Stunden vor Ablauf der Frist für die Abgabe der Grundsteuererklärung hat Peter Meyer heute sein Haus in Kassel vollständig abgebrannt. Mit der rabiaten Maßnahme erspart sich der 44-Jährige »den ganzen lästigen Papierkram«.

»Puh, das war knapp«, sagt Peter Meyer, während er zufrieden auf sein brennendes Haus schaut. »Heute wäre die Frist abgelaufen und ich hatte da echt absolut keinen Bock drauf, das abzugeben.«

Für uns schildert er, wie es so weit gekommen ist: »Ich hab diese elende Grundsteuererklärung seit Monaten vor mir hergeschoben und als ich sah, dass die Frist jetzt endgültig endet, hab ich mich heute Morgen sogar ernsthaft drangesetzt.«

Doch als er in dem Formular Fragen wie »Erstreckt sich die wirtschaftliche Einheit über mehrere hebeberechtigte Gemeinden?« oder »Bei Eigentumsverhältnis 0 bis 4 oder 7 bis 9 mit geschäftsüblichem Namen (zum Beispiel OHG oder KG) weiter mit Zeile 19« las, brach er sein Vorhaben desillusioniert ab.

»Plötzlich fiel mein Blick auf einen Benzinkanister und eine Packung Streichhölzer, die bei mir für solche Fälle immer im Wohnzimmer rumstehen«, so Meyer. »Ich wusste: Jetzt ist der richtige Moment gekommen. Das Formular war sogar noch hilfreich beim Anzünden.«

Klar ist: Das typische Behördendeutsch der Grundsteuererklärung bereitet vielen Eigentümern Probleme. Hätte Meyer das Formular richtig verstanden, dann wüsste er nämlich, dass nicht nur Hausbesitzer eine Grundsteuererklärung abgeben müssen, sondern auch Besitzer eines unbebauten Grundstücks.

Nur noch Absteigen: Bremen und Schalke können sich keine Luxushotels mehr leisten

Der Postillon

Osterhase verhungert, nachdem Kinder alle seine versteckten Eiervorräte klauten

München (dpo) – Wie rücksichtslos kann man sein! Nachdem dreiste Kinder übers Wochenende alle seine geheimen Eier- und Süßigkeitenvorräte aufspüren und entwendeten, ist der Osterhase verhungert. Sein völlig abgemagerter Leichnam wurde heute von Spaziergängern am Rande eines Feldwegs in der Nähe von München entdeckt.

Der Osterhase ist bekannt dafür, dass er ähnlich anderen Nagetieren wie Eichhörnchen, Feldmäusen oder Hamstern Vorräte anlegt, um seinen hohen Kalorienbedarf über die Osterfeiertage zu decken. »Leider ist er aber nicht sehr gut im Verstecken und legt seine Vorräte oft an relativ leicht auffindbaren Stellen an«, erklärt Dr. Elmar Köchart, Experte für Fabelwesen. »Selbst für Kinder ist es kein Problem, sie aufzuspüren.«

Kinder sollen es dann auch gewesen sein, die sämtliche versteckten Vorräte des beliebten Hasen aufgestöbert und geplündert haben. »Die Eltern standen daneben und ermutigten sie auch noch«, berichtet eine Augenzeugin, die die Plünderung eines solchen Verstecks beobachten konnte.

Bei den hunderttausenden Fällen im ganzen Bundesgebiet handelt es sich laut Experten juristisch betrachtet um Mundraub und fahrlässige Tötung. Doch ermittelt werden wird gegen die skrupellosen Täter, die den Osterhasen auf dem Gewissen haben, voraussichtlich nicht. Zum einen sind sie noch minderjährig und damit nicht strafmündig, zum anderen wurden nahezu sämtliche Beweismittel direkt im Anschluss an die Tat vernichtet.

Braucht keinen Grund: Stadt sprengt Denkmal aus Spaß

Rammstein fragt Katholische Kirche nach Tipps, wie man Vorwürfe ohne Konsequenzen übersteht

München, Vatikan (dpo) – Sie wollen von den Besten lernen: Nach den zahlreichen Vorwürfen von Frauen gegen Rammstein-Sänger Till Lindemann hat sich die Band heute an die Katholische Kirche gewandt, um sich Tipps zu holen, wie man derartige Anschuldigungen ohne ernsthafte Konsequenzen übersteht.

»Wie schaffen Sie das, dass es trotz Tausender noch viel schlimmerer Vorwürfe am Ende nie wirkliche Folgen für Sie gibt?«, heißt es in einem Schreiben der Band an den Vatikan. »Wir haben extra schon eine Anwaltskanzlei engagiert, um eine ›Untersuchung‹ einzuleiten. Außerdem haben wir eine Person (natürlich nicht Till Lindemann) gefeuert, um Kritiker zu besänftigen. Und wir haben eine PR-Agentur für Krisenkommunikation am Start. Was meinen Sie als Profis? Tun wir genug, damit die ganzen Nörgler irgendwann aufgeben?«

Zwar sei man als Band traditionell eher unkatholisch, doch wisse man in dieser Lage jede Hilfe zu schätzen. »Wir hoffen, Sie sind barmherzig und beantworten uns folgende Fragen: Was können wir noch tun, um am Ende keine wirklichen Konsequenzen ziehen zu müssen? Haben Sie noch weitere Tricks für solche Situationen? Was ist Ihr Geheimnis? Wie konnten Sie sich trotz allem so lange im Business halten? Für Hinweise wären wir Ihnen sehr dankbar.«

Als kleines Dankeschön für die Hilfe sind dem Schreiben auf den Papst ausgestellte Konzertkarten für einen der nächsten Auftritte von Rammstein in München beigelegt.

Ahnt Verben: Belgier kann Tätigkeitsworte vorhersehen

Vorbild Friseure:
Immer mehr Zahnarztpraxen legen sich Namen mit Wortspielen zu

Berlin (dpo) – Dass Friseursalons oft ausgefeilte Wortspiele im Namen tragen, ist mittlerweile bekannt. Nun lässt sich das Phänomen erstmals auch bei Zahnärzten beobachten – der Trend zu mehrdeutigen Praxisnamen gewinnt mehr und mehr an Beliebtheit.

Ob »Bohr ey!«, »Karies-yes-yes-yes!« oder »I don't give a Plaque« – deutschlandweit werden Zahnarzt-Praxisschilder immer kreativer. »Viele Zahnmediziner haben gemerkt, dass sich das lohnen kann, um im Gespräch zu bleiben«, erklärt Marketingberaterin Svenja Kaul. »Als Patient merkt man sich schließlich einen klangvollen Praxisnamen wie etwa ›Dschingis Zahn‹, ›Amalgame of Thrones‹, ›Die Lochis‹ oder ›Arzthaus zur Krone‹ viel leichter als nur ein trockenes ›Zahnarztpraxis Dr. Wolfgang Schmidt‹ oder so.«

Dieter Pesalla ist einer der Mediziner, die sich für eine Umbenennung der eigenen Praxis entschieden haben. Wo zuvor nur sein Name stand, ist nun »Zahnarchie – die etwas andere Zahnarztpraxis« zu lesen. »Seitdem sind wir hier in aller Munde«, freut sich der 55-Jährige. »In aller Munde, haha! Das wäre eigentlich auch ein schöner Name gewesen.«

Tatsächlich sieht man immer wieder Menschen, die Fotos von Pesallas Praxisschild machen, um sich in den sozialen Medien darüber zu amüsieren. »Klar fühlt sich das erst mal komisch an, aber ich hatte im Grunde keine andere Wahl«, so Pesalla. »Meine direkten Konkurrenten Lüderssen und Christiani haben ihre Praxen Anfang des Jahres in ›Bohrinsel‹ und ›Au Backe!‹ umbenannt, da musste ich nachziehen.«

Andere Branchen könnten bald folgen. So wurden bereits erste Bestattungsinstitute mit Namen wie »Sargenhaft!« oder »Tot-ench-Amun« gesichtet. Banken wiederum nennen sich vermehrt »Zinsneyland«, »Zaster Rhymes« oder »Erdbeerkreditüre«.

Sisyphusarbeit: Österreichische Kaiserin benötigt ständig Pediküren

Bayern: CSU will Atom-Balkonkraftwerke fördern

Berlin (dpo) – Nachdem erste Bundesländer bereits den Betrieb von Photovoltaikanlagen auf heimischen Balkonen fördern, will sich nun auch die CSU für private Stromgewinnung einsetzen. Nach dem Willen von Ministerpräsident Markus Söder soll der Freistaat Bayern schnellstmöglich Atom-Balkonkraftwerke unterstützen.

»Ein Solarpanel auf dem Balkon liefert nur Energie, solange auch die Sonne scheint«, erklärte Söder auf Nachfrage dem Postillon. »Ein Mini-Kernkraftwerk dagegen steht nie still, sondern liefert 24 Stunden am Tag und 365 Tage im Jahr Strom. Das ist genau die Art von Brückentechnologie, die wir jetzt brauchen.«

Schon ab kommendem Jahr sollen dank staatlicher Förderung Druckwasserreaktor-Miniaturen von Isar 2 ab einem Preis von etwa 50 000 Euro erhältlich sein. »Im Idealfall steht bald in jedem bayerischen Haushalt ein Mini-Atomkraftwerk auf dem Balkon und dampft dort fröhlich vor sich hin«, so Söder. »Dann müssen wir jetzt auch nicht plötzlich anfangen, hässliche Windräder aufzustellen.«

Der anfallende Atommüll soll über die Kommunen durch die Bereitstellung einer roten Atommülltonne aus Blei für jeden Haushalt entsorgt werden.

Der Postillon

Wangqing (dpo) – Diese Geschichte aus der Provinz Wangqing in Nordchina berührt unsere Herzen: Dort hat eine Ameise ein von seiner Mutter getrenntes Tigerbaby adoptiert und zieht es seitdem groß.

Herzergreifend: Ameise adoptiert Tigerbaby und zieht es groß

Unklar ist, wie Tigerbaby Chang-Bu seine Mutter verloren hat. Sie könnte von Wilderern getötet worden sein, bei einer Naturkatastrophe von ihm getrennt worden sein oder gar selbst ihr Kind verstoßen haben; klar ist nur: Chang-Bu war bereits im Alter von nur zwei Wochen auf sich alleine gestellt.

Fast wäre das Tigerbaby verhungert, wenn nicht plötzlich Zi, eine Waldameise mit riesigem Herzen vorbeigekommen wäre.

Offenbar hatte das Insekt Mitleid mit dem kleinen zitternden Kätzchen. Zi nahm sich Chang-Bus an und säugte ihn mit Ameisensäure, bis er wieder zu Kräften kam. Weil sich das Tigerbaby kaum noch an seine eigene Mutter erinnern konnte, nahm es die Ameise als seine neue Mutter an.

Ab diesem Zeitpunkt waren Tigerbaby Chang-Bu und Ameise Zi nicht mehr zu trennen. Zwar führten erste Versuche, Chang Bu mit in ihren Bau zu nehmen, zu eingestürzten Gängen, totgetrampelten Ameisen und generellem Chaos, doch schon bald war der kleine Tiger imstande, sich wie eine Ameise unterirdisch fortzubewegen und mit Zis Artgenossen zu leben.

Inzwischen ist Chang Bu kein Baby mehr, sondern ein kräftiger kleiner Tigerjunge. Seitdem hält er sich immer seltener im Ameisenbau auf. Viel lieber hilft er seiner Adoptivmutter Käfer und Spinnen zu jagen oder über unbeaufsichtigte Picknickdecken herzufallen.

Oft liegen die beiden aber auch stundenlang einfach nur am Flussufer herum und lassen sich die Sonne auf ihre Bäuche scheinen. Vielleicht denken sie dann an jenen besonderen Tag, an dem sie sich gefunden haben.

Tigerbaby Chang Bu und Ameise Zi: Eine tierische Liebe, von der auch wir Menschen noch viel lernen können!

Am Boden zerstört: Selbstmordattentäter konnte Flugzeug nicht starten

»Schaut immer nur dumm und tut nichts« – Elon Musk feuert eigenes Spiegelbild

San Francisco (dpo) – Die Welle der Entlassungen hält weiter an: Twitter-Chef Elon Musk hat heute sein eigenes Spiegelbild gefeuert. Zuvor war ihm mehrfach unangenehm aufgefallen, dass der Mann ihn immer nur untätig anschaute und keine merkliche Arbeit verrichtete.

»So nicht, Freundchen!«, rief Musk im Waschraum der Firmentoilette erbost, nachdem er das Spiegelbild zur Rede gestellt, aber keine Antwort erhalten hatte. »Ich erwarte, dass hier jeder hart am Arbeiten ist, wann auch immer ich ihn anschaue. Was waren Ihre letzten Aufgaben bei Twitter? Raus mit der Sprache! Keine Antwort? Also wohl den ganzen Tag nichts tun und Gehalt kassieren, was? Sie sind gefeuert! GEFEUERT! Raus hier!!«

Anschließend ließ Musk den Spiegel vom firmeneigenen Sicherheitsdienst aus dem Gebäude eskortieren.

Auf Twitter trat der Milliardär wenig später noch nach:

Etwa zwei Stunden später stellte Musk sein Spiegelbild bei doppeltem Gehalt wieder ein, nachdem er feststellte, dass er ohne es Schwierigkeiten hat, seine Frisur zu überprüfen.

Oma Sch.: Deutschfranzose schreibt Widmung für anonym bleiben wollende Großmutter

Endlich: Colgate bringt Zahnpasta mit Gulasch-Geschmack auf den Markt

Mjam! Darauf hat die Welt gewartet: Der Zahnpflegekonzern Colgate hat heute die erste Zahnpasta mit Gulasch-Geschmack vorgestellt. Das neue Produkt mit dem Namen »Gulgate« soll noch vor Ende des Jahres erhältlich sein.

»Gulgate schmeckt nicht nur gulaschfrisch, sondern sorgt auch für gesunde, strahlend braune Zähne«, heißt es auf der Unternehmenshomepage. »Es ist die einzige Zahnpasta auf dem Markt, die dank Zutaten wie Rindfleischextrakt, Paprika- und Zwiebelpulver nach frisch gekochtem würzigen Gulasch schmeckt.«

Auf die Idee, eine Zahnpasta mit Gulaschgeschmack zu entwickeln, kam der Konzern nach eigenen Angaben durch extensive Marktforschung. Kundenbefragungen ergaben, dass Menschen insbesondere nach dem Verzehr eines köstlichen Gulaschs oft darauf verzichteten, ihre Zähne zu putzen.

Dahinter steckt die berechtigte Sorge, dass sie bei Verwendung herkömmlicher Zahnpasta den angenehmen Gulaschgeschmack wegschrubben. Die Folgen: Karies, Parodontose, Mundfäule, Zahnausfall. Dieses Problem dürfte dank Gulgate der Vergangenheit angehören!

Nicht zuletzt hat man festgestellt, dass sich Menschen erheblich mehr Zeit beim Putzen lassen und ihre Zähne somit besonders gründlich reinigen, wenn ihnen ihre Zahnpasta auch wirklich schmeckt.

Und auch morgens ermöglicht Gulgate einen herrlich gulaschig-saftigen Start in den Tag!

Gulgate ist erhältlich in allen Drogerien, den meisten Supermärkten sowie in ungarischen Restaurants.

Seeräuber ermordet: Polizei drückt Auge zu

Drama bei Himmelfahrt:
Jesus kurz nach Start explodiert

Jerusalem (dpo) – Es sollte ein freudiger Tag für die Christenheit werden, doch die Himmelfahrt Jesu ist zum Desaster geraten: Wenige Sekunden nach dem Start in die himmlischen Gefilde ging der Messias plötzlich in Flammen auf und explodierte. Ersten Einschätzungen zufolge war Materialermüdung für den Unfall verantwortlich.

Zeugen zufolge lief nach dem Countdown zunächst alles nach Plan, bis kurz nach dem Start plötzlich unter der rechten Sandale Jesu eine Stichflamme hervortrat. Rund zwei Sekunden später kam es dann zur Explosion, deren Feuerball weithin sichtbar war.

Derzeit deutet alles auf einen Materialfehler hin – die Ausstattung des bekanntermaßen bescheidenen Messias war schon deutlich abgenutzt und in die Jahre gekommen.

Die Mission Jesu gilt nun vorerst als gescheitert. Eigentlich hatte der 33-Jährige nach Verlassen der Erdatmosphäre innerhalb von 72 Stunden den Himmel erreichen sollen, wo wichtige Forschungsarbeiten für die Erlösung der Menschheit geplant waren.

Pressesprecher Simon Petrus erklärte in einer ersten Stellungnahme, man werde nach diesem Rückschlag nicht aufgeben: »Wir konnten trotz allem wichtige Daten sammeln, die Mission war also nicht umsonst.«

Spätestens für nächstes Jahr sei eine neue Himmelfahrt geplant.

CDU und FDP jubilieren:
Porsche stellt ersten Verbrenner vor, der mit Fleisch läuft

Stuttgart (dpo) – Union und FDP im Freudentaumel: Der Autohersteller Porsche hat heute einen neuartigen Verbrennungsmotor vorgestellt, der mit Fleisch statt Benzin betrieben wird. Experten sagen einen Siegeszug des revolutionären Antriebs in Deutschland voraus.

»Das ist der Durchbruch, auf den wir gewartet haben«, jubiliert FDP-Chef Christian Lindner. »Wir haben ja schon immer gesagt, dass die Zukunft dem Verbrenner gehört!«

Der Motor, der schon bald Serienreife erlangen soll, verbraucht im Schnitt 25 Kilogramm Fleisch auf 100 Kilometer. Das

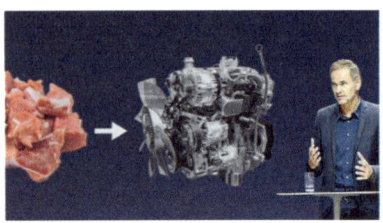

Porsche-Chef Oliver Blume bei der Präsentation des Motors in Stuttgart

Fleisch wird dabei am besten in Form faustgroßer Filetstücke, kleiner Würfel oder als Hack in den Tank eingefüllt.

»Dabei hat sich ein Mischverhältnis von 25 Prozent Rind, 30 Prozent Schweinefleisch, 35 Prozent Geflügel und 20 Prozent Lamm etabliert«, erklärt Blume. »Für Lkw und andere größere Gefährte sollte der Rindanteil auf etwa 40 Prozent erhöht werden.«

Der Verband der Viehwirtschaft zeigte sich begeistert von der Innovationskraft des schwäbischen Autobauers. Bis 2030 wolle man den Ausstoß an Fleisch um 300 Prozent erhöhen, so ein Branchenvertreter.

Fleischbetriebene Autos stoßen ähnlich viel CO_2 aus wie herkömmliche Verbrenner, duften dabei aber angenehm nach Gegrilltem.

Experten rechnen damit, dass der Fleischantrieb bis 2035 herkömmliche Benzinmotoren vollständig verdrängt haben wird.

Sommerloch: Zeitung berichtet über Anus von Bravo-Arzt

Erster Zoo gewährt Tieren Freigang

Frankfurt (dpo) – Dieses Programm ist in Deutschland bislang einzigartig: Als erster Tiergarten überhaupt bietet der Frankfurter Zoo seinen Gefangenen eine Vollzugslockerung an. Tiere, die sich durch gute Führung auszeichnen, erhalten dort Freigang.

»Ja, einige unserer Tiere sind durchaus gefährlich und sitzen völlig zu Recht hinter Gittern«, erklärt Zoodirektorin Christine Fiedler. »Aber es gibt eben auch viele, die sich absolut vorbildlich verhalten oder ohnehin nur noch geringe Strafen abzusitzen haben – Stichwort Resozialisierung.«

Bei vielen Tieren stelle sich die Frage, ob dauerhafte Gefangenschaft verhältnismäßig sei. »Einem Löwen, der in seinem gesamten Leben noch nie einen Menschen angefallen hat, den Freigang zu verweigern, ist kaum zu rechtfertigen«, so Fiedler. »Unser Pilotprojekt wird deshalb mit diesen langjährigen Insassen jetzt ganz konkret Schritte in die Freiheit gehen.«

Derzeit nehmen an dem Programm vier Pinguine, ein Schimpanse, zwölf Erdmännchen, zwei Löwen und ein Grizzlybär teil. Werktags zwischen 14 und 20 Uhr dürfen sie das Zoogelände verlassen und einige Stunden Freiheit genießen – je nach Sozialprognose mit Fußfessel oder völlig ohne Überwachung.

»Wir hoffen, dass der ein oder andere das Angebot nutzen wird, um etwa die Abendschule zu besuchen oder einen Teilzeitjob anzufangen«, erklärt Zoodirektorin Fiedler. »Aber vorschreiben können wir es ihnen natürlich nicht. Wenn sie nur shoppen gehen, sich etwas zu Essen holen oder den Spielplatz besuchen, ist das Programm auch schon ein Erfolg.«

Spätestens um 20 Uhr müssen alle Freigänger wieder zurück sein. Wer sich nicht daran hält, riskiert Haftverschärfungen.

»Völlig vergessen, auch den VAR zu bestechen« – Bayern zeigen sich nach Niederlage selbstkritisch

München (dpo) – Einen Tag nach der überraschenden Pleite gegen Bayer Leverkusen gehen die Verantwortlichen beim FC Bayern hart mit sich ins Gericht. »Wir haben wie gewohnt den Schiri bestochen, aber der VAR wurde offenbar vergessen«, so Bayern-Boss Kahn zerknirscht. »Das darf auf diesem Niveau natürlich nicht passieren.«

In dem Spiel, das der FC Bayern 2:1 verlor, hatte Schiedsrichter Tobias Stieler zweimal gegen Leverkusen auf Schwalbe entschieden, bevor der VAR die Entscheidung korrigierte und jeweils Elfmeter gegen den FC Bayern gab.

Derzeit läuft beim FC Bayern eine interne Untersuchung, um herauszufinden, wie es zu der fatalen Panne kommen konnte. »Normalerweise leisten wir für unseren Bayern-Bonus feste Vorauszahlungen«, erklärt Kahn. »Dass da jetzt offenbar jemand vergessen wurde, ist so natürlich nicht vorgesehen. Das ist dann natürlich doof, wenn der Videoschiedsrichter plötzlich nicht mitzieht bei so einer wichtigen Entscheidung für uns.«

Bis die Vorfälle rund um die Schmach von Leverkusen restlos aufgeklärt sind, ist die zuständige Bestechungsabteilung des FC Bayern vorerst vom Dienst suspendiert. Alle Zahlungen an Offizielle werden bis dahin von Kahn persönlich getätigt.

Hat alle Ecken der Welt bereist: Flacherdler widerlegt Kreisscheibentheorie

Schluss mit Wagner:
Prigoschin gründet neue Söldnertruppe »Dr. Oetker«

Minsk (dpo) – Nach seiner abgebrochenen Rebellion gegen den Kreml strebt Wagner-Chef Jewgeni Prigoschin nun offenbar einen Imagewechsel an: Der 62-Jährige hat heute die berüchtigte »Gruppe Wagner« aufgelöst und an ihrer Stelle die »Gruppe Dr. Oetker« neu gegründet. Experten gehen davon aus, dass der Name »Wagner« in der öffentlichen Wahrnehmung als zu verbrannt galt.

»Wagner war gestern. Die Sache ist gegessen«, verkündete Prigoschin in einem Online-Video. »Ab sofort sind wir die Dr.-Oetker-Gruppe.«

Sämtlichen bisherigen Wagner-Söldnern bietet Prigoschin einen neuen Vertrag bei Dr. Oetker an.

»Zugegeben, unsere kleine Meuterei war letztlich ein Schuss in den Steinofen«, so Putins Koch weiter. »Aber unter unserem neuen Namen werden wir zu neuem Ruhm gelangen. Ich bin mir sicher, dass wir das gebacken kriegen. Unsere Feinde werden Umluft ringen.«

Woher der Name »Dr. Oetker« kommt, ist unklar. Angeblich hat sich die Truppe jedoch in Anlehnung an den bekannten deutschen Arzt und Komponisten Dr. Ferdinand Oetker (1816–1881) benannt, den Hitler angeblich sehr schätzte und der als berüchtigter Antisemit von sich reden machte. Seine bekannteste Oper »Der Zauberpudding« wird auch heute noch aufgeführt.

St. Kasten: Buddelkistenerfinder heiliggesprochen

Vier-Tage-Woche kommt endlich! Regierung streicht Freitag, Samstag und Sonntag

Berlin (dpo) – Immer mehr Menschen in Deutschland wünschen sich Umfragen zufolge eine Vier-Tage-Woche. Nun lenkt die Politik ein: Laut einem Beschluss der Bundesregierung sollen ab sofort Freitag, Samstag und Sonntag entfallen. Demnach beginnt bereits morgen mit einem Montag die nächste Woche.

»Spannend, dass sich so viele Leute eine Vier-Tage-Woche wünschen, aber wenn eine Maßnahme so hohe Zustimmung erfährt, wollen wir das natürlich umsetzen«, erklärte Wirtschaftsminister Robert Habeck. »Ab sofort kommt nach dem Donnerstag direkt wieder der Montag und die Woche beginnt nach vier Tagen wieder von vorne.«

Dass bei den gestrichenen Tagen die Wahl ausgerechnet auf Freitag, Samstag und Sonntag fiel, hat laut Habeck pragmatische Gründe. »An diesen Tagen ist die Arbeitsproduktivität im Schnitt sowieso am niedrigsten. Von daher kann man leicht auf sie verzichten.«

Arbeitgeberverbände begrüßten den Schritt. »Besonders Samstag und Sonntag sind uns schon länger ein Dorn im Auge«, meint Arbeitgeberchef Brüllmut Menschenschinder. »Die Nächte zwischen den Arbeitstagen reichen ja in der Regel völlig aus, um sich zu erholen. Für die Produktivität in Deutschland ist das ein Glücksfall.«

Rémy-Demi: Moore nach Cognacgenuss außer Rand und Band

Für Putzmuffel: Hornbach nimmt braune Toilettenschüsseln ins Sortiment auf

Bornheim (dpo) – Gute Nachrichten für Putzmuffel! Die Baumarktkette Hornbach bietet erstmals braune Toilettenschüsseln an. Zielgruppe sind Menschen, die ihr WC ungern reinigen.

»Kunden, die regelmäßig ihr WC putzen, kommen mit weißen Schüsseln wunderbar zurecht«, so ein Sprecher der Baumarktkette. »Bei allen anderen kommt es mit der Zeit zu Farbabweichungen, die unangenehm ins Auge fallen und die Verwendung der Klobürste oder gar eine ausführliche Reinigung erfordern. Um genau das zu verhindern, wurde unsere neue braune Produktlinie entwickelt.«

Laut Hornbach müssen braune Toiletten bis zu vierzigmal seltener gereinigt werden als herkömmliche Toiletten.

»Warum die bisher fast ausschließlich weiß waren, ist uns ehrlich gesagt ein Rätsel«, so der Sprecher. »Man zieht ja auch kein weißes T-Shirt an, wenn man Spaghetti mit Tomatensoße isst.«

Die Baumarktkette bietet ihre Schüsseln in verschiedenen Brauntönen an, damit Kunden – falls gewünscht – eine individuell für sie passende Toilette auswählen können. Wer unsicher ist, kann eine RAL-Farbtabelle mit nach Hause nehmen und dort den perfekten Farbton abgleichen.

Derzeit prüft Hornbach nach eigenen Angaben, ob bald ergänzend gelbe Pissoirs ins Sortiment aufgenommen werden.

Schwarzgelbkonto: BVB wegen Steuerhinterziehung in der Kritik

Der Postillon

7 Gründe, warum Unruhen wie in Frankreich in Deutschland unmöglich sind

Nachdem letzte Woche ein Polizist im Pariser Vorort Nanterre den 17-jährigen Nahel M. erschoss, kommt es in Frankreich weiterhin zu Protesten und gewaltsamen Ausschreitungen. Doch wer nun sorgenvoll auf die Lage im Nachbarland blickt, den können wir beruhigen: In Deutschland wäre so etwas schlicht unmöglich. Hier sind sieben simple Gründe, warum wir solche Szenen bei uns nicht sehen werden:

1. Ab 22 Uhr herrscht Nachtruhe

In Deutschland verhindert die Nachtruhe ab 22 Uhr sämtliche Ausschreitungen im Schutz der Dunkelheit bereits, bevor sie entstehen können. Schließlich droht gewaltiger Ärger mit den Nachbarn oder der Hausverwaltung, wenn draußen Unruhe herrscht (»Ruhe da unten! Es ist 22 Uhr 4! Habt ihr den Arsch offen?!«).

Ließ die Hosen runter: Campinos Liftboy meldet Insolvenz an

2. Man verliert dabei zu leicht seine Birkenstocksandalen

Es ist Sommer. Zu dieser Jahreszeit tragen Deutsche stets Birkenstocksandalen oder Adiletten. Diese wiederum sind äußerst hinderlich im Straßenkampf und gehen beim Katz- und Mausspiel mit der Polizei leicht verloren. Unruhen wären daher also nur in Frühling, Herbst und Winter theoretisch möglich. In diesen Jahreszeiten ist es den Deutschen aber meist zu kalt, um auf die Straße zu gehen.

3. Brennende Autos gelten als Todsünde

Deutschland ist Autoland. Autos sind heilig und dürfen – ähnlich etwa Kühen in Indien – niemals beschädigt oder verletzt werden. Nicht einmal blockiert dürfen sie werden. Zu ordentlichen Unruhen gehört es jedoch, dass auch hin und wieder ein Auto brennt. Undenkbar in Deutschland 2023.

4. Man muss am nächsten Tag früh zur Arbeit

»Randale schön und gut, aber ich muss morgen um halb sechs raus, sonst komm ich nicht rechtzeitig in die Arbeit« – solche Sätze hört man in Deutschland häufig, wenn gewalttätige Ausschreitungen zur Sprache kommen.

5. Deutsche Polizisten bringen Jugendliche nur um, wenn keine Kameras laufen

Die französische Polizei ist äußerst unprofessionell vorgegangen, als sie einen Jugendlichen wegen eines Verkehrsdelikts vor laufender Kamera erschoss. In Deutschland wissen Polizisten, dass Polizeigewalt gegen Jugendliche mit Migrationshintergrund nur dann ok ist, wenn es keine Beweise gibt. Sie schalten daher zum Beispiel ihre Bodycams sicherheitshalber aus oder lassen Aufnahmen von Überwachungskameras unbürokratisch verschwinden.

6. Es gibt nicht mehr genug Läden in Innenstädten zum Plündern

In welche Schaufenster wirft man seine Pflastersteine, wenn alle Läden dicht sind? In den meisten deutschen Innenstädten haben die Ladenschließungen der letzten Jahre dazu geführt, dass Plünderungen so gut wie unmöglich sind – es sei denn, man möchte die Bestuhlung aus der »Sportsbar« oder Putzschwämme aus dem 1-Euro-Laden klauen.

7. Unsere Politiker sind einfach zu toll

Deutschland hat einfach die besten Politiker. Hier haben beliebte Typen wie Olaf Scholz, Robert Habeck oder Christian Lindner die Lage voll im Griff und werden von etwa 98 Prozent der Bevölkerung verehrt, bewundert und gefeiert. Was soll da jemals schiefgehen?

Nicht festgehalten: Kein Bildmaterial von Torwartpatzer vorhanden

Weil er sich Menschen näherte:
Bärenmarke-Bär abgeschossen

Mühldorf am Inn (dpo) – Immer wieder sorgten in den letzten Wochen Bärensichtungen in Bayern für Aufregung. Nun haben Jäger auf Beschluss der bayerischen Regierung den berühmten Bärenmarke-Bär abgeschossen. Zuvor soll das Maskottchen des Milchproduzenten Bärenmarke mehrfach Menschen und Vieh gefährlich nahe gekommen sein.

Nach Angaben der Landesregierung erfolgte die Tötung präventiv – zu Angriffen durch den Bären war es demnach nicht gekommen. »Wir wollten und konnten aber nicht warten, bis dieses Raubtier bayerisches Vieh oder bayerische Kinder bedroht«, so ein Sprecher des Landwirtschaftsministeriums. »Dieser Abschuss war wichtig und richtig.«

Naturschützer und Milchtrinker erklärten dagegen, der Bär, der stets einen Eimer und eine Milchkanne bei sich trug, habe sich immer friedlich verhalten. »Es gibt unzählige Videoaufnahmen, die zeigen, wie er auf eine freundliche und völlig aggressionslose Weise mit Kühen und Menschen interagiert und ihnen sogar Milch spendiert«, meint etwa Dora Schäfer vom Verein Pro Bär. »Ich verstehe nicht, wo da eine Gefahr sein soll. Dass dieser liebe Bär erschossen wird, während zum Beispiel der völlig überdrehte Kellogg's-Frosties-Tiger frei herumläuft, der gar nicht in die deutsche Tierwelt gehört, ist jedenfalls ein Witz!«

Für den Milchproduzenten Bärenmarke ist der Abschuss ebenfalls ein herber Schlag. Er ist nun gezwungen, sich in »Marke« umzubenennen und in seinen Werbespots eine leere Wiese zu zeigen.

Grau in grau: Elefantenpaarungsbeobachter hat kein Glück mit dem Wetter

Das ging schnell:
Landkreis Sonneberg überfällt Nachbarlandkreis

Sonneberg, Saalfeld (dpo) – Jetzt geht es Schlag auf Schlag: Nach dem Wahlsieg der AfD hat der Thüringer Landkreis Sonneberg heute überraschend den Nachbarlandkreis Hildburghausen überfallen.

Zuvor hatte der frisch gewählte Sonneberger AfD-Landrat Robert Sesselmann seinerseits den Landkreis Hildburghausen beschuldigt, einen Überfall an der Landkreisgrenze durchgeführt zu haben. »Seit 5:45 Uhr wird jetzt zurückgeschossen«, erklärte Sesselmann. »Wir handeln in Notwehr, sind aber auch bereit, die Gebiete Hildburghausens ›heim in den Kreis‹ zu führen, wie man so schön sagt.«

Bis zum Montagmittag hatten die Truppen des Landratsamts Sonneberg bereits Veilsdorf und Hesseberg eingenommen und standen kurz davor, auch die Kreisstadt Hildburghausen zu erobern.

Die anderen benachbarten Landkreise Saalfeld-Rudolstadt, Kronach oder Coburg befürchten nun, dass die Sonneberger AfD mit ihrem Expansionskurs noch nicht am Ende ist. »Die wollen da drüben wohl einen tausendjährigen Kreis aufbauen, so wie sich das anhört«, warnt ein besorgter Kommunalpolitiker aus Coburg.

Es bleibt abzuwarten, ob es gelingen wird, Robert Sesselmann, der bereits jetzt von seinen Anhängern als »Größter Landrat aller Zeiten« (»GröLaZ«) gefeiert wird, aufzuhalten.

Berlusconi tot:
Italienische Escort-Branche geht in Kurzarbeit

Rom (dpo) – Die italienische srt-Branche befürchtet nach dem Tod von Silvio Berlusconi (86) drastische Umsatzeinbußen. Ein Großteil der Begleitdamen des Landes ist seit heute in Kurzarbeit.

»Wir wussten alle, dass dieser Tag irgendwann kommen würde«, erklärt Arianna Donini, die einen der größten srt-Services Roms leitet. »Uns allen war klar, dass Silvio Berlusconi nicht für immer da sein wird. Dennoch ist es ein schwerer Schlag.«

Durch den Eintritt ihrer srt-Damen in die Kurzarbeit will Donini so viele wie möglich in Lohn und Brot halten.

Mit seinen zahlreichen Partys und Orgien war Berlusconi für die gesamte Branche eine der wichtigsten Einnahmequellen. »Er wird uns schmerzlich fehlen«, so Donini. »Derzeit kann kein anderer Politiker diese Lücke füllen.«

Die srt-Branche ist nicht der einzige Wirtschaftszweig, der von Berlusconis Tod schwer getroffen wird. So stürzten die Aktien von Italiens bekanntester Hautstraffungs- und Botox-Klinik ins Bodenlose, während der größte italienische Hersteller von Haartönungsmittel Massenentlassungen ankündigte.

Busta: Rhymes wirbt für Drittimpfung

Im Gedenken an die gefallenen Bilder S1 – S192

S. 7: shutterstock.com/Vytautas Kielaitis+shutterstock.com/PhotoStock10+shutterstock.com/Alhim; S. 8: shutterstock.com/Alexandros Michailidis+shutterstock.com/puttography+imago-images.de/Political-Moments; S. 9: shutterstock.com/Filmbildfabrik+shutterstock.com/Popovphoto, shutterstock.com/Mihai_Andriotiu; S. 10: shutterstock.com/K_Dreamcatcher+shutterstockGolub_Oleksii; S. 11: shutterstock.com/New Africa; S. 12: imago-images.de/Petra Schneider; S. 13: shutterstock.com/Alexandros Michailidis+shutterstock.com/Aynur Mammadov; S. 14: shutterstock.com/Pavel Lysenko; S. 16: IMAGO / Pro Sports Images; S. 16: shutterstock.com/BLACKDAY+shutterstock.com/Sasa Dzambic Photography, oneinchpunch+ID1974; S. 17: shutterstock.com/Irma eyewink; S. 18: shutterstock.com/Elena Odareeva+shutterstock.com/Brocreative; S. 19: shutterstock.com/SS 360+shutterstock.com/Olezzo; S. 20: shutterstock.com/Cast Of Thousands; S. 22: shutterstock.com/MPH Photos; S. 23: shutterstock.com/Pack +shutterstock.com/ Art Kovalenco+shutterstock.com/He2+shutterstock.com/wong yu liang+shutterstock.com/OlegD+shutterstock.com/Priya Ranjan+shutterstock.com/Ollie The Designer; S. 24: shutterstock.com/Kzenon+IMAGO / Schöning; S. 25: Imago / photothek; S. 26: shutterstock.com/ShotPrime Studio+shutterstock.com/Sergey Sivkov; S. 27: shutterstock.com/YoloStock+shutterstock.com/Olhastock+shutterstock.com/Followtheflow+shutterstock.com/Iantapix; S. 28: shutterstock.com/Nerthuz+shutterstock.com/Potapov Alexander+shutterstock.com/canadastock+IMAGO/Eventpress, shutterstock.com/Andreas Wolochow+shutterstock.com/Nerthuz+ IMAGO/Eventpress; S. 29: shutterstock.com/FotoAndalucia; S. 30: Imago / SNA+shutterstock.com/ID1974; S. 31: shutterstock.com/Song_about_summer; S. 34: shutterstock.com/Sorbis+shutterstock.com/Elnur+shutterstock.com/Pataradon Luangtongkum+shutterstock.com/Slava73+shutterstock.com/Nyvlt-art; S. 35: shutterstock.com/Mykola Komarovskyy; S. 36: shutterstock.com/Gorodenkoff; S. 37: shutterstock.com/David Tadevosian+shutterstock.com/ke Flippo; S. 38: shutterstock.com/BearFotos, IMAGO / Eibner; S. 39: shutterstock.com/FooTToo; S. 40: shutterstock.com/Phovoir; S. 42: IMAGO/imagebroker; S. 43: shutterstock.com/Olga Sagal+shutterstock.com/schab+shutterstock.com/Anton Starikov; S. 44: shutterstock.com/Rawpixel.com; S. 46: shutterstock.com/Shchebla+shutterstock.com/DM7+shutterstock.com/ra2 studio+shutterstock.com/janniwet; S. 47: shutterstock.com/Pou30+shutterstock.com/tsuneomp; S. 48: shutterstock.com/tcharts+shutterstock.com/Kichigin+shutterstock.com/Robert Kneschke, shutterstock.com/August_0802; S. 49: shutterstock.com/FXQuadro; S. 50: picture alliance/dpa | Kay Nietfeld, shutterstock.com/PaPicasso, shutterstock.com/Chardchanin, fronx, shutterstock.com/Nail Bikbaev, shutterstock.com/urfin, shutterstock.com/Maxx-Studio, shutterstock.com/Daniel Sztork, shutterstock.com/Lutsenko_Oleksandr, shutterstock.com/lp studio, shutterstock.com/MirasWonderland, shutterstock.com/Mega Pixel, shutterstock.com/Evgeny Karandaev+(?); S. 52: picture alliance / AP Photo | Darko Bandic; S. 53: shutterstock.com/NDAB Creativity+shutterstock.com/Robson90+shutterstock.com/matkub2499+shutterstock.com/Antonio Guillem, shutterstock.com/Mile Atanasov+shutterstock.com/Kristina Kuptsevich+shutterstock.com/Ljupco Smokovski+shutterstock.com/Frantisek Czanner+shutterstock.com/Filip Warulik+shutterstock.com/Svitlana Hulko; S. 54: shutterstock.com/J Walters; S. 55: shutterstock.com/Monkey Business Images+shutterstock.com/B-D-S Piotr Marcinski+shutterstock.com/Deman; S. 56: picture alliance/EPA-EFE | ALI HAIDER+shutterstock.com/ArrowStudio; S. 58: shutterstock.com/javi_indy, shutterstock.com/goodluz, shutterstock.com/Juice Verve; S. 59: shutterstock.com/Philip Lange; S. 60: shutterstock.com/Body Stock, shutterstock.com/SFIO CRACHO+stock.adobe/EvgeniiAnd, shutterstock.com/sebra (gilt für beide Bilder), shutterstock.com/Daria Lukoiko (gilt für beide Bilder), shutterstock.com/Just dance+shutterstock.com/Graeme Lamb, shutterstock.com/ZoneCreative, shutterstock.com/Luis Molinero+(?), shutterstock.com/seasoning_17, shutterstock.com/Martin Bergsma, shutterstock.com/Opayaza12, shutterstock.com/Lukchaysongkon, shutterstock.com/Muhammad Naaim, shutterstock.com/Pelevina Ksinia; S. 62: shutterstock.com/Peter Clark+shutterstock.com/Gearstd+shutterstock.com/ViDI Studio+shutterstock.com/Roman Samborskyi+shutterstock.com/ViDI Studio+shutterstock.com/PanicAttack+shutterstock.com/Jacob Lund; S. 63: shutterstock.com/Anastasiia Shuvalova+shutterstock.com/Zakirov Aleksey+shutterstock.com/NEOS1AM+shutterstock.com/Busurmanov+shutterstock.com/mooremedia; S. 64: shutterstock.com/SciePro; S. 65: IMAGO / Revierfoto; S. 66: shutterstock.com/Sergey_Bogomyako+shutterstock.com/DUSAN ZIDAR+shutterstock.com/Tom Wang+shutterstock.com/Ljupco Smokovski; S. 67: IMAGO / Avanti; S. 68: shutterstock.com/pcruciatti+shutterstock.com/Mirshik; S. 69: alamy/Frank Augustein (?), shutterstock.com/Krakenimages.com; S. 70: IMAGO / Laci Perenyi, IMAGO/Agencia EFE, alamy/CHARLIE FORGHAM-BAILEY, IMAGO/Robert Michael, IMAGO/GEPA pictures, IMAGO/Fishing 4; S. 71: shutterstock.com/BUTENKOV ALEKSEI; S. 72: IMAGO / lausitznews.de, IMAGO / ZUMA Wire; S. 73: IMAGO / ZUMA Wire+shutterstock.com/Oleg L; S. 74: shutterstock.com/ID1974; S. 75: shutterstock.com/Motortion Films; S. 76: shutterstock.com/Ron Frank+shutterstock.com/ASDF_MEDIA, shutterstock.com/Ollyy+shutterstock.com/Sven Boettcher, shutterstock.com/Gorb Andrii, shutterstock.com/VP Photo Studio, shutterstock.com/Ivanova Ksenia+shutterstock.com/Studio Harmony, shutterstock.com/TeodorLazarev, shutterstock.com/NOWRA photography, shutterstock.com/fizkes, shutterstock.com/Elżbieta Sekowska; S. 78: shutterstock.com/Suzanne Tucker; S. 79: shutterstock.com/Mariana Serdynska; S. 80: shutterstock.com/fuujin; S. 81: shutterstock.com/Dietrich Leppert+shutterstock.com/Ljupco Smokovski+shutterstock.com/Voronin76+shutterstock.com/Asier Romero; S. 82: picture alliance/dpa/TASS/ Alexei Druzhinin (von welt:https://www.welt.de/debatte/kommentare/article188146857/Naehe-zu-Russland-Dann-soll-Schroeder-doch-den-Altkanzler-ablegen.html), shutterstock.com/Steve Cukrov, shutterstock.com/LightField Studios, shutterstock.com/sirtravelalot, IMAGO / Sven Simon, shutterstock.com/lp studio, imago/IMAGO / VISTAPRESS, shutterstock.com/pingdao, shutterstock.com/givaga; S. 84: shutterstock.com/Dusan Petkovic, shutterstock.com/PichStock+shutterstock.com/Elizaveta Galitckaia+shutterstock.com/Ground Picture+shutterstock.com/YES Market Media+shutterstock.com/Maksim Safaniuk; S. 85: shutterstock.com/RealPeopleStudio+shutterstock.com/Shevchenko Andrey; S. 86: MAGO / Eibner; S. 87: shutterstock.com/Gorodenkoff+shutterstock.com/New Africa; S. 88: shutterstock.com/Suzanne Tucker+shutterstock.com/zhukovvlad; S. 89: shutterstock.com/Roman Samborskyi+shutterstock.com/Pankratov Yuriy; S. 90: shutterstock.com/Kichigin, shutterstock.com/Ollyy, shutterstock.com/Klochkov SCS, shutterstock.com/BlueRingMedia, shutterstock.com/gpointstudio, shutterstock.com/Tohuwabohu1976, shutterstock.com/Gagnar, shutterstock/Andrey Burmakin; S. 92: Imago/Sven Simon, Imago/Sven Simon; S. 93: shutterstock.com/Dmitri T; S. 94: shutterstock.com/Carrastock+shutterstock.com/Kolbakova Olga; S. 95: shutterstock.com/Prostock-studio; S. 96: shutterstock.com/wowomnom; S. 98: shutterstock.com/Ground Picture+shutterstock.com/michaeljung+shutterstock.com/GoodFocused+shutterstock.com/JIANG HONGYAN+shutterstock.com/Pixel-Shot+shutterstock.com/Koldunov Alexey, shutterstock.com/thka; S. 99: shutterstock.com/Bilanol+picture-alliance/ dpa/dpaweb | Keystone Alessandro Della Bella , shutterstock.com/Ventura; S. 100: shutterstock.com/Tyler Olson; S. 102: shutterstock.com/Jason Patrick Ross , shutterstock.com/Nitr, Pixabay/Mohammed Salem, Pixabay/Jan Steiner, shutterstock.com/titov dmitriy, shutterstock.com/kreatorex, shutterstock.com/Chepko Danil Vitalevich; S. 104: shutterstock.com/angellodeco, picture alliance / Sueddeutsche Zeitung Photo | Rumpf, Stephan; S. 105: shutterstock.com/Thomas Francois+shutterstock.com/Somchai Som; S. 106: IMAGO /aal.photo; S. 107: alamy/Brigitte Sporrer+shutterstock.com/eshkova; S. 109: shutterstock.com/Ground Picture+shutterstock.com/Denys Kurbatov+shutterstock.com/YanLev Alexey; S. 110: shutterstock.com/elxeneize+shutterstock.com/R.Danyliuk+IMAGO / Future Image; S. 111: Sebastian Terfloth (Montage); S. 112: shutterstock.com/Marcos Mesa Sam Wordley+smspsy; S. 113: picture alliance/dpa | Boris Roessler; S. 114: shutterstock.com/pancha.me; S. 115: shutterstock.com/UVgreen, shutterstock.com/Ammak; S. 116: shutterstock.com/Luis Louro+shutterstock.com/mattomedia KG+shutterstock.com/New Africa; S. 117: IMAGO / localpic+shutterstock.com/HelloRF Zcool+shutterstock.com/Robyn Mackenzie+shutterstock.com/Rsplaneta+shutterstock.com/ID1974; S. 118: picture-alliance/ dpa | Rainer Jensen; S. 119: alamy/David Parry; S. 121: shutterstock.com/Evgeny Atamanenko+shutterstock.com/Ortis+shutterstock.com/Krashenitsa Dmitrii, IMAGO / Arnulf Hettrich; S. 122: shutterstock.com/Ground Picture+shutterstock.com/rawf8; S. 123 IMAGO / ZUMA Wire; S. 124: shutterstock.com/Alexey Soloukhin+shutterstock.com/Filmbildfabrik; S. 125: shutterstock.com/Iurii Vlasenko; S. 126: shutterstock.com/goldeneden, shutterstock.com/Frau aus UA; S. 127: shutterstock.com/izzzy71; S. 128: shutterstock.com/Paolo Bona+shutterstock.com/Artur Didyk+shutterstock.com/Vac1+shutterstock.com/Sergey-73+shutterstock.com/Iurii Osadchi, U.S. Navy photo by Mass Communication Specialist 3rd Class Damian Martinez, shutterstock.com/Paolo Bona, shutterstock.com/Artur Didyk+shutterstock.com/Vac1, shutterstock.com/Rsplaneta+shutterstock.com/Fedor Selivanov, shutterstock.com/Nordic Studio+shutterstock.com/indigolotos, shutterstock.com/AlexLMX; S. 130: picture alliance/dpa | Roberto Pfeil; S. 131: shutterstock.com/milias1987+shutterstock.com/JIRATIKARN PENGJAIYA+shutterstock.com/3d Jesus+shutterstock.com/Mykola Holyutyak+shutterstock.com/Yuri-U+shutterstock.com/Dean Drobot+shutterstock.com/OrangeVector+shutterstock.com/Standard Studio+shutterstock.com/ksenvitaln; S. 132: shutterstock.com/winnievinzence; S. 134: shutterstock.com/ChameleonsEye; S. 135: shutterstock.com/Dmitry Lobanov+Twitter: @AUFSTANDLASTGEN; S. 136: picture alliance / ASSOCIATED PRESS | Michael Probst; S. 137: shutterstock.com/elsar+shutterstock.com/Reef-Media+shutterstock.com/Boris Rabtsevich+shutterstock.com/martan; S. 138: shutterstock.com/Andreas Wolochow; S. 139: IMAGO / USA TODAY Network, IMAGO / Beautiful Sports; S. 140: shutterstock.com/Robert Kneschke+shutterstock.com/DenisProduction.com+shutterstock.com/Josep Curto+shutterstock.com/Kyle Lee+shutterstock.com/Ljupco Smokovski; S. 141: picture alliance/dpa | Federico Gambarini; S. 143: shutterstock.com/Dmytro Dmytro Zinkevych; S. 144: shutterstock.com/Vladimir Gjorgiev+shutterstock.com/glenda+shutterstock.com/Alberto Menendez Cervero; S. 145: shutterstock.com/Yellow Cat+shutterstock.com/James Hime, shutterstock.com/djgis+shutterstock.com/Alexander56891+shutterstock.com/RUBEN M RAMOS; S. 146: shutterstock.com/2xSamara.com+shutterstock.com/Kvini+shutterstock.com/prapass; S. 147: shutterstock.com/Evram Nosehy Georges; S. 148: shutterstock.com/Vereshchagin Dmitry+shutterstock.com/Pop Paul-Catalin+shutterstock.com/anuphadit; S. 149: shutterstock.com/Just dance+shutterstock.com/Filmbildfabrik; S. 150: IMAGO/Political-Moments+(?); S. 151: shutterstock.com/Ground Picture+shutterstock.com/NorKoohe; S. 152: shutterstock.com/Juice Verve+shutterstock.com/Butterfly Hunter, shutterstock.com/Gorodenkoff, shutterstock.com/Elnur; S. 154: IMAGO / Sven Simon+IMAGO / Action Pictures+shutterstock.com/Maximillian cabinet+shutterstock.com/V_Sot_Visual_Content, IMAGO / Action Pictures; S. 155: shutterstock.com/Marko Allaksandr+shutterstock.com/Naeblys+shutterstock.com/montego; S. 156: shutterstock.com/MattKeeble.com+(?); S. 157: shutterstock.com/Sergiy Palamarchuk+shutterstock.com/Maksym Fesenko+shutterstock.com/Inga Paukner Stojkov; S. 158: © Flickr | Ralph Arvesen | CC BY-2.0; S. 159: shutterstock.com/Ground Picture+shutterstock.com/Anna Pecherskaia+shutterstock.com/donatas1205; S. 160: shutterstock.com/Lucy_dao+shutterstock.com/lev radin+shutterstock.com/Toonz Jirana+IMAGO / SNA; S. 161: shutterstock.com/e-leet; S. 161: shutterstock.com/Jaroslav Moravcik+shutterstock.com/Kondratenkov Vadim+shutterstock.com/Ivonne Wierink+shutterstock.com/ASDF_MEDIA+shutterstock.com/Krakenimages.com; S. 162: shutterstock.com/Michal Ninger+shutterstock.com/Rokas Tenys+ shutterstock.com/aPhoenix photographer, picture alliance / Catholic Press Photo | ©VaticanMedia-Foto/CPP / IPA, shutterstock.com/RealVector, shutterstock.com/NickMile, shutterstock.com/Mr. Tempter, shutterstock.com/taist2; S. 164: shutterstock.com/mimagephotography+shutterstock.com/Vgstockstudio+shutterstock.com/tale+shutterstock.com/Roman Samborskyi+shutterstock.com/Jasmina Andonova+shutterstock.com/FamVeld+shutterstock.com/Vera Vgstockstudio+IMAGO / Action Pictures; S. 165: picture alliance/dpa | Rolf Vennenbernd+shutterstock.com/Sasa Dzambic Photography; S. 166: shutterstock.com/Olena Yakobchuk+shutterstock.com/Vera Larina+shutterstock.com/Moojoice; S. 168: IMAGO / Chris Emil Janßen; S. 169: shutterstock.com/jax10289; S. 170: shutterstock.com/Elnur+shutterstock.com/Roman Samborskyi+shutterstock.com/Ebtikar+shutterstock.com/Demianastur+shutterstock.com/Paket; S. 171: shutterstock.com/Luis Molinero+shutterstock.com/Dale A Stork; S. 172: shutterstock.com/Duet PandG+shutterstock.com/MNStudio; S. 173: IMAGO / Gonzales Photo+shutterstock.com/Riccardo De Luca -Update; S. 174: shutterstock.com/Fun Way Illustration; S. 175: shutterstock.com/Damir Khabirov+shutterstock.com/Clare Louise Jackson+shutterstock.com/iofoto; S. 176: shutterstock.com/otsphoto+shutterstock.com/Manfred Ruckszio; S. 177: IMAGO/Political-Moments+shutterstock.com/TWENTY_A+shutterstock.com/Josep Curto, Twitter: @Elon Musk ; S. 178: shutterstock.com/Tamas Panczel - Eross; S. 179: IMAGO / ZUMA Wire; S. 180: shutterstock.com/Lost_in_the_Midwest+shutterstock.com/Adobe/Holiday.Photo.Top, shutterstock.com/Holiday.Photo.Top+shutterstock.com/Quality Stock Arts+IMAGO / Lackovic; S. 181: shutterstock.com/Eric Isselee+shutterstock.com/Kiev.Victor; S. 182: IMAGO / RHR-Foto; S. 183: shutterstock.com/mykhailo pavlenko+IMAGO / ITAR-TASS; S. 184: IMAGO / Chris Emil Janßen; S. 185: shutterstock.com/Dmitry Kalinovsky; S. 186: IMAGO / ABACAPRESS, shutterstock.com/Krakenimages.com, shutterstock.com/Teerawit Chankowet, shutterstock.com/Micah Casella, shutterstock.com/Stock-Asso, IMAGO / Sven Ellger, shutterstock.com/Axel Bueckert, IMAGO / Political-Moments; S. 188: shutterstock.com/Myron Muza; S. 190: shutterstock.com/Ronny 80+shutterstock.com/Alessia Pierdomenico; S. 191: shutterstock.com/tayiphoto+shutterstock.com/STILLFX+shutterstock.com/Paket+shutterstock.com/Park jinman+shutterstock.com/melbijad+shutterstock.com/Tortoon+shutterstock.com/New Africa+shutterstock.com/Tatevosian Yana; S. 192: shutterstock.com/Napoleonka;